LT

W0183573

MARCO POLO

ELBA

Reiseführer mit Insider-Tips

Sechs Symbole sollen Ihnen die Orientierung in diesem Führer erleichtern:

★

für Marco Polo Tips – die besten in jeder Kategorie

für alle Objekte, bei denen Sie auch eine schöne Aussicht haben

für Plätze, wo Sie bestimmt viele Einheimische treffen

für Treffpunkte für junge Leute

(A1)

Koordinaten für die Übersichtskarte

Die Marco Polo Route verbindet die schönsten Punkte von Elba zu einer Idealtour

Diesen Führer schrieb Rainer Stiller. Er kennt Italien von vielen Aufenthalten als Reisejournalist.

Die Marco Polo Reihe wird herausgegeben von Ferdinand Ranft.

MAIRS GEOGRAPHISCHER VERLAG

MARCO POLO

Für Ihre nächste Reise gibt es folgende Titel dieser Reihe:

Ägypten • Algarve • Amrum / Föhr • Amsterdam • Andalusien • Antarktis • Argentinien / Buenos Aires • Athen • Australien • Bali / Java • Baltikum • Bangkok • Barcelona • Bayerischer Wald • Berlin • Bodensee • Brasilien / Rio • Bretagne • Brüssel • Budapest • Bulgarien • Burgenland • Burgund • Capri • China • Costa Brava • Côte d'Azur • Dänemark • Deutschland Ost • Dominikanische Republik • Dresden • Düsseldorf • Elba • Elsaß • England • Euro Disney • Feuerland / Patagonien • Finnland • Flandern • Florenz • Florida • Frankfurt • Frankreich • Frz. Atlantikküste • Fuerteventura • Galicien • Gardasee • Gran Canaria • Griechenland • Griech. Inseln / Ägäis • Hamburg • Harz • Hawaii • Heidelberg • Holland • Hongkong • Ibiza / Formentera • Indien • Ionische Inseln • Irland • Ischia • Island • Israel • Istanbul • Italien • Italien Nord • Italien Süd • Ital. Adria • Ital. Riviera • Japan • Jemen • Jerusalem • Kalifornien • Kanada • Karibik: Gr. Antillen • Karibik: Kl. Antillen • Kärnten • Kenia • Köln • Korsika • Kreta • Lanzarote • La Palma • Leipzig • Lissabon • Loire-Tal • London • Madeira • Madrid • Malediven • Mallorca • Malta • Marokko • Mauritius • Mecklenburger Seenplatte • Mexiko • Moskau • München • Nepal • Neuseeland • New York • Norwegen • Oberbayern • Oberital. Seen • Österreich • Ostfriesische Inseln • Ostseeküste: Schlesw.-Holst. • Ostseeküste: Mecklbg.-Vorp. • Paris • Peking • Polen • Portugal • Potsdam • Prag • Provence • Rhodos • Rom • Rügen • Rumänien • Rußland • Salzburg / Salzkammergut • San Francisco • Sardinien • Schottland • Schwarzwald • Schweden • Schweiz • Sizilien • Spanien • Spreewald / Lausitz • Sri Lanka • St. Petersburg • Südafrika • Südengland • Südsee • Südtirol • Sylt • Taiwan • Teneriffa • Tessin • Thailand • Thüringen • Tirol • Tokio • Toskana • Tschechische Rep. / Slowakische Rep. • Tunesien • Türkei • Türk. Mittelmeerküste • Ungarn • USA • USA: Neuengland • USA Ost • USA Südstaaten • USA West • Venedig • Weimar • Wien • Zypern • Die 30 tollsten Ziele in Europa •

Die Marco Polo Redaktion freut sich, wenn Sie ihr schreiben:
Marco Polo Redaktion, Mairs Geographischer Verlag
Postfach 31 51, D-73751 Ostfildern

Unsere Autoren haben nach bestem Wissen recherchiert. Trotzdem schleichen sich manchmal Fehler ein, für die der Verlag keine Haftung übernehmen kann.

Titelbild: Hafen von Portoferraio (Mauritius/Photo Bank)
Fotos: Expression Foto (70); Fotex/Vondruska (23); Jung (14, 18, 30, 56, 78, 96); Look/Reichelt (24, 28, 32, 48, 59, 66); Mauritius/Hubatka (11); Mauritius/Photo Bank (37); Messina (44, 46, 60, 68, 85, Umschlagklappe vorn); Reichelt (26); Schapowalow/Atlantide (38, 73, 86); Schapowalow/Kirsch (4, 6); Schapowalow/Meckel (41); Siermann (34, 82); Transglobe/Lichtenberger (55)

1. Auflage 1994 © Mairs Geographischer Verlag, Ostfildern/Hachette, Paris
Gestaltung: Thienhaus/Wippermann (Büro Hamburg)
Kartographie: Cartografia de Agostini, Fleischmann GmbH

Printed in Germany
Gedruckt auf 100% chlorfrei gebleichtem Papier

Entdecken Sie Elba!

Die Anreise ist mit Umständen verbunden, aber jede Anstrengung lohnt: Elba und die anderen Inseln des Toskanischen Archipels sind eine Reise wert

Der kleine Kaiser Napoleon, König der Verbannung, hat das große Wort geschrieben: »Jedes Ding auf der Welt ist relativ: die Insel Elba, über die ich vor einem Jahr so schlecht geurteilt habe, ist geradezu ein Ort des Entzückens im Vergleich zu St. Helena.« Das ist selbstverständlich hundsgemein gegen beide Inseln, auf denen sich der große Krieger vor und nach Waterloo in politischer Enthaltsamkeit hatte üben müssen. Immerhin können wir der napoleonischen Aussage drei Worte entreißen, die – wir kommen noch ausführlich darauf zurück – gelten: »Ort des Entzückens« kann Elba wirklich sein, wenn man sich die Insel mit Leidenschaft erobert. Und ein Zweites aus der Philippika des Franzosen wollen wir gern aufgreifen: »Jedes Ding auf der Welt ist relativ.«

Diese Aussage kann uns trösten, wenn wir in Piombino auf dem italienischen Festland – es ist Sommer, selbstverständlich zwölf Uhr mittags und brüllend heiß – mit dem eigenen Wagen in einer langen Schlange anderer brütender Wagen voller dampfender Menschen stehen und auf das Fährschiff nach Elba warten.

Elbas Buchten locken die Sonnenhungrigen an

Elba ist nur mit dem Schiff zu erreichen. Sicher, man kann die Insel auch anfliegen, aber das ist teuer und nicht weniger umständlich und insgesamt fast so zeitraubend wie mit Auto und Fähre. Er sei denn, man wohnt in Deutschland in Freiburg im Breisgau oder in der Schweiz im tessinischen Lugano. Von den Flughäfen der beiden Städte gibt es nämlich ein- beziehungsweise dreimal in der Woche Direktflüge nach Elba. Wer dort nicht abheben kann, muß ein Umsteigen in Mailand, Genua, Florenz und/oder Pisa in Kauf nehmen, bis er mit einem Lufttaxi auf der kurzen Piste des Flughafens La Pila zwischen Marina di Campo und Procchio im Herzen der Insel endlich landen kann.

Also, zurück ins Auto, zurück nach Piombino und zurück zu Napoleons relativem Wert der Dinge dieser Welt. Denken Sie an ihn, wenn Sie im stinkenden Hafen von Piombino zweifeln, ob es richtig war, ausgerechnet dieses Reiseziel ausgesucht zu haben. Denn der relative Ekel, den Sie beim Anblick der verdreckten Hafenbecken und der Gift und

Portoferraio ist das Einfallstor für die meisten Elbabesucher

Galle spuckenden Hochöfen empfinden, weicht schon bald einer ziemlichen Vorfreude, wenn Sie es erst einmal geschafft haben, Ihr Auto auf dem Fährschiff unterzubringen.

Steigen Sie an Bord die Decks hinauf und schauen Sie nicht zurück! Suchen Sie nach Elba! Schon sehr bald, nachdem das Schiff vom Kai abgelegt hat, können Sie es im Dunst entdecken. Elba ist nämlich an dieser Stelle nur zehn Kilometer vom Festland entfernt.

Die Insel gehört zum toskanischen Archipel, der hier zwischen Italien und der französischen Insel Korsika im Tyrrhenischen Meer liegt. Dazu gehören noch Capraia, das 19 Quadratkilometer groß ist und 350 Einwohner hat, Giannutri, das knapp drei Quadratkilometer mißt und im Besitz einer Familie ist, Giglio, das sich über 21 Quadratkilometer erstreckt und von knapp 1800 Menschen bewohnt wird, Montecristo, auf dem ein Wächter die Hoheit über 10,4 Quadratkilometer hat, und schließlich Pianosa, auf dessen gut zehn Quadratkilometern nur Strafgefangene und ihre Wärter, etwa 1000 Mann, leben.

Elba selber hat eine Fläche von exakt 223 Quadratkilometern. Darauf wohnen ständig rund 30 000 Menschen, die sich auf die Hauptstadt Portoferraio (11 000), Campo nell'Elba (4400), Porto Azzurro (3000), Capoliveri und Rio Marina (je 2400), Marciana Alta (2300), Marciana Marina (2000), Rio nell'Elba (1000) und die verschiedenen kleineren Ortschaften verteilen.

Die größten Entfernungen sind von Ost nach West zwischen Capo Ortano und Sedia di Napoleone (27,5 km) und von Süd nach Nord zwischen Punta della Calamita und Capo Vita (18,5 km).

Insgesamt hat Elba einen Küstenumfang von gut 150 Kilometern. Allerdings ist nur ein Teil davon Strand. Die großen Buchten und damit die touristischen Zentren befinden sich gegenüber dem Hafen im Golf von Portoferraio, bei Viticcio, Biodola und von Procchio bis Marciana Marina im Norden, rund um Marina di Campo und Lacona sowie am Golfo Stella im Süden und zwischen Porto Azzurro, Rio Marina und Cavo im Osten. Etliche kleine und kleinste Sand- oder Kieselstrände an anderen Orten sind oft nur unter Mühen vom Land oder manchmal auch nur mit dem Boot vom Wasser her zu erreichen.

»Von einem Strand und Sand sehe ich aber nichts«, sagt ein Reisender mit dem unverkennbar spitzen »S« des Hamburgers neben uns an Deck der Fähre, die nun schon sehr nahe an die Insel herangefahren ist. Tatsächlich ragt Elba dort, wo man es, von Piombino kommend, erstmals zum Greifen nahe findet, steil und schroff aus dem Meer. Es ist der nordöstlichste Punkt der Insel, das Capo Vita. Die Berge, in denen es immer noch große Eisenerzvorkommen gibt, überzieht ein Dickicht aus Macchia. Macchia in unterschiedlichen Zusammensetzungen wuchert fast 50 Prozent der Inselfläche zu.

Grundpflanze der Macchia ist die Zistrose. Mucchio wird sie auf der im Nordwesten gelegenen, übrigens auch nur 55 Kilometer entfernt liegenden, zu Frankreich gehörenden Insel Korsika genannt. Dort soll ihre Heimat sein. Aus Mucchio leitete man im italienischen Macchia ab.

Macchia ist so etwas wie eine Wohngemeinschaft für Pflanzen, sie ist an keinem Ort rund ums Mittelmeer so ausgeprägt wie auf Elba.

Besonders im Frühling, eigentlich die schönste Reisezeit für Elba-Urlauber, die nicht nur kommen, um in der Sonne zu braten, entfaltet sich die Macchien-Pracht in schönsten Farben: Da ist das weißliche Rosa der Zistrose selber; da sind der Stechginster mit seiner goldgelben Blütenfülle, die Baumheide mit ihren weißen Blütenglocken, der blaue und purpurne Lavendel, die weiße Myrte, die – wir kennen das vom Kranz für den Brautschleier und vom Sträußchen am Revers des Hochzeitsanzugs – Symbol der Göttin Aphrodite und damit für die Liebe ist.

Verführung birgt auch der Duft der Macchia. Noch vor Sonnenaufgang ist er, wenn der Tag vorher schön warm gewesen ist, am stärksten: Ätherische Öle steigen auf, die so weit zu riechen sind, daß – wie man sich auf der Insel erzählt – die Fischer weit draußen auf dem Meer es schnuppern und ihren Heimatkurs danach ausrichten können.

Doch nicht alles Dickicht auf Elba kann man als Macchia bezeichnen. Fast so etwas wie der arme, ausgestoßene Verwandte der Wohngemeinschaft Macchia ist die Garigue. Ihren Namen hat sie nach der französischen Bezeichnung für die hauptsächlich in ihr wachsende Pflanze: die Kermeseiche, französisch: garoulia (lat. Quercus coccifera). Um sie herum scharen sich schlechtentwickelte Pflanzen der Macchia, deren Blätter für den Sonnenschutz noch ledriger, bisweilen auch pelziger sind als die der Macchia.

In Teilen der Garigue siedeln sich die schönsten, eigenwilligsten Blumen, nämlich Orchideen an. Es gibt aber auch Krokusse, Milchsterne, Schwertlilien und Tulpen.

Die Fähre gleitet jetzt an der Punta Falconaia vorbei in die Ausläufer der Rade di Portoferraio hinein. Am Ende der Bucht liegt die Inselhauptstadt Portoferraio, der Eisenhafen, die so heißt, weil von ihren Kais über viele Jahrhunderte der wichtigste Rohstoff der Insel verschifft wurde: Eisen.

Eisenerz ist zwar der häufigste, aber bei weitem nicht der einzige Bodenschatz der Insel. Denn gerade in den Eisenerzlagern im Osten Elbas, die im Tagebau bearbeitet wurden und zum Teil noch werden, finden sich Mineralien und Gesteine, die das Herz jedes Geologen, aber auch des interessierten Laien höher schlagen lassen.

Besonders die Lagerstätten Sassi Neri im Norden und Terranera in der Mitte von Ostelba lohnen einen Besuch, weil sie längst aufgelassen sind. Mit dem nötigen Gerät kann man hier auf die Suche gehen. Wer sich seines Fundes dann nicht sicher ist, findet in den besten Mineraliengeschäften der Insel, die sich in und um Porto Azzurro befinden, sachkundige und freundliche Beratung.

Endlich beginnt das Fährschiff sein Anlegemanöver am Pontile Commandante Massimo in Portoferraio, der im neuen Hafen südwestlich der eigentlichen Altstadt mit dem ehemaligen Anleger Mole Mediceo liegt. Hoch über den alten ockergelben Häusern mit den grüngestrichenen Fensterläden und Türen wirken die beiden mittelalterlichen Festungsanlagen Forte Falcone und Forte Stella martialisch, aber auch irgendwie beschützend. Viele Male haben sie die Bewohner Portoferraios davor bewahrt, von den Sarazenen oder anderen blutrünstigen Piraten überfallen und hingemetzelt zu werden.

Die Erinnerung an historische Zeiten wirft ein Schlaglicht darauf, was Elba und die Inseln des Toskanischen Archipels immer gewesen sind: Fluchtorte. Die Geschichte dieser Inselwelt ist, darin nicht unähnlich den weiter westlich liegenden spanischen Baleareninseln Mallorca, Menorca und Ibiza, immer auch eine Geschichte der Besetzungen gewesen. Eine zerklüftete Insel mit einsamen, nicht einsehbaren Buchten war zu allen Zeiten reizvoll für allerlei Gesindel, das sich verstecken wollte und mußte. Wenn man die frühe Geschichtsschreibung zu Rate zieht, begann Elba bereits um 500 vor Christus zur Fluchtburg zu werden. Die Etrusker hatten das Eiland wegen seines Eisenerzes als Waffenschmiede entdeckt. Nach Christi Geburt und Tod ging es dann richtig los. Vandalen und Ostgoten kamen ab dem 5. Jahrhundert nach Christus, die bereits erwähnten Sarazenen folgten und machten den inzwischen eingetroffenen Römern zu schaffen. Christliche Einsiedler nahmen zwar beileibe nicht Besitz von Elba, suchten aber in der unwegigen Insellandschaft Schutz vor römischer Verfolgung. In den folgenden Jahrhunderten wurde es noch wechselhafter. Die Republik Pisa hatte Herrschaft und Recht auf die Insel, konnte allerdings auch die Sarazenenüberfälle nicht eindämmen. Es kamen die Medici aus der Toskana, die

Spanier, die Habsburger, die Franzosen. Bisweilen war Elba sogar dreigeteilt – bis es schließlich unter großem Jubel einem neuen Königreich Italien zugeschlagen wurde. Die Freude verebbte aber sehr schnell. Denn anstatt in eine neue Blüte zu starten, verödeten die Inseln des Toskanischen Archipels als Sträflingsinseln. Schwere Jungs und ihre Bewacher wurden zu neuen Besetzern. Es gab Zeiten, da wurde Elba nicht einmal alle zwei Wochen von einem Schiff angefahren.

Das änderte sich erst, als Anfang des Jahrhunderts Portoferraio zu einem Zentrum der Erzverarbeitung wurde. Die Hochöfen brannten; es gab plötzlich Arbeitsplätze. Als im Zweiten Weltkrieg dann die Eisenherstellung auf Elba durch Luftangriffe zerstört wurde, entschied Italien, sie nicht wieder anzukurbeln. Statt dessen wollte man den Fremdenverkehr aufbauen, der, das hoffte man, größere Zuwachsraten versprach. Und tatsächlich: Es kamen die Touristen, die bislang letzten, durchaus gern gesehenen »Besatzer«.

Das Fährschiff im Hafen von Portoferraio hat seinen Bauch geöffnet. Die Karawane der Sommerfrischler verläßt es: Autos mit Zeltsäcken auf dem Dachgepäckträger, Caravans, Wagen mit einem Boot auf dem Anhänger – zwischen Juni und September spucken Fährschiffe fast stündlich neue Gäste aus. Tausende sind es am Tag.

Und doch: Trotz der Touristen-Hochburgen in den Buchten von Biodola, Procchio, Marina di Campo, Lacona und Stella gibt es selbst zur Hauptreisezeit Ecken, in denen man keine Menschenseele trifft. Elba ist groß genug für Eigenbrötler. Deshalb gibt es neben den in allen Mittelmeerländern üblichen Pauschalreisenden auch viele Individualtouristen, die nicht einmal in den Hotels, sondern in gemieteten Häusern und Wohnungen ihre Zeit auf Elba verbringen. Die meisten kommen wegen des Sports, den man in allen Ausprägungen treiben kann. Da sind selbstverständlich die Wassersportarten wie Surfen, Segeln und Tauchen, für die es rund um die Insel Möglichkeiten und Schulen gibt. Aber auch an Land ist das Angebot groß: Es gibt etliche Reitmöglichkeiten; man kann Golf und Tennis spielen; die Radfahrer lieben die geschwungenen Anhöhen im Ostteil; die Wanderer nehmen sich das bewaldete Berggebiet rund um den

Die Marco Polo Bitte

Marco Polo war der erste Weltreisende. Er reiste in friedlicher Absicht, verband Ost und West. Er wollte die Welt entdecken, fremde Kulturen kennenlernen, nicht zerstören. Könnte er für uns Reisende des 20. Jahrhunderts nicht Vorbild sein? Aufgeschlossen und friedlich sollte unsere Haltung in anderen Ländern sein. Dazu gehören auch Respekt vor Mensch und Tier und die Bewahrung der Umwelt.

WWF

Monte Capanne vor, den mit 1019 Metern höchsten Berg im Westen der Insel.

Wir haben also die Autofähre an der Mole von Portoferraio verlassen und fahren durch die in einem geschwungenen Bogen durch die Stadt führende Hauptstraße, die via Giosu Carducci. Das Leben pulsiert und Portoferraio wird während des Aufenthalts auf der Insel mehr als einen Besuch wert sein (wir kommen an entsprechender Stelle noch ausführlich darauf zurück).

Am Ortsausgang stoßen wir auf einen Kreisverkehr, in dem die drei Hauptverbindungslinien Elbas zusammenstoßen, die Straße aus Portoferraio nämlich, sowie die in den Ost- und die in den Westteil führenden Ausfallstraßen.

Der fast natürlichen Trennung in einen Westen und einen Osten auf der Insel Elba wollen wir auch in diesem Führer folgen.

Im Westen dominiert das mächtige Granitmassiv des Monte Capanne. An Geomorphologie interessierte Urlauber können hier beobachten, wie die Witterung einem Gebirge zusetzen kann. Im Laufe der Jahrhunderte sind nämlich durch den Einfluß von Wind und Wetter überall Felsenburgen und Riesenhohlblöcke entstanden, deren bizarre Formen die Elbaner zu phantasievollen Namensgebungen veranlaßt haben. Die herausgewaschenen Felsformationen heißen *elefante* (Elefant), *aquila* (Adler) oder *tartaruga* (Schildkröte).

Die natürliche Erosion ist auch verantwortlich für die Täler, die sternförmig vom Gipfel zur Küste verlaufen. Jeder Graben *(fosso)* endet in einer kleinen Sandbucht. Die vier größten sind der Fosso dell'Inferno im Süden, der Fosso la Valaccia im Südwesten, der Fosso del Castagnola im Nordwesten und der Fosso die Marciana im Norden. Doch Sandbuchten sind in diesem Teil Elbas eher eine Seltenheit. Meistens fällt das Gebirgsmassiv steil ins Meer. Die Kliffs haben eine Höhe von bis zu 120 Metern.

Die gibt es im Ostteil auch, über dessen mineralienhaltige Anhöhen wir ja schon einiges erfahren haben.

Wo Osten und Westen zusammenstoßen, befinden sich die großen Badebuchten mit den Bettenburgen und Campingplätzen (Golfo della Lacona). Dort wird man eher einen Nachbarn aus Deutschland als einen richtigen Elbaner treffen. Um sie zu sehen und mit ihnen ins Gespräch zu kommen, muß man schon ins Inselinnere fahren, etwa in den östlich gelegenen, wegen seiner verwinkelten Gassen ohnehin sehenswerten Bergort Capoliveri auf der Halbinsel Calamita.

Grundsätzlich sind die Elbaner verschmitzt und gutgelaunt. Allerdings hat die Geschichte der ewigen Besetzungen sie auch ein gut Teil mißtrauisch gegenüber Fremden gemacht. Der Journalist und Schriftsteller Carlo Laurenzi, der zwar in Livorno auf dem Festland geboren wurde, aber auf Elba aufwuchs, bringt diese Tatsache in seinem 1971 erschienenen Tagebuch »Le Rose di Cannes« auf den Punkt. Er schreibt: »Als Elbaner bin ich mir bewußt, meine Grenzen auch und vor allem der Insularität zu verdanken, meiner Art und Weise, das Leben zu erleiden, meine Tendenz zum

Eigenbrötlertum, die das objektive Gewicht der Realität negiert, mein Berufensein zu besinnlichem Faulenzen.«

Wer dies akzeptiert und sich den Elbanern mit Höflichkeit nähert, wird erfahren, daß sie hilfsbereite, freundliche Menschen sind. Und er wird wie der große kleine Kaiser Napoleon, der hier seine 300 Tage der ersten Verbannung verbringen mußte, wissen, warum er auf die Insel Elba gekommen ist: »wegen der Sanftheit ihrer Sitten und der Milde ihres Klimas«.

In den kleinen Gassen erfreut der Blumenschmuck den Spaziergänger

Geschichtstabelle

50 000 v. Chr.
Aus der Zeit, als Elba wegen des deutlich tiefer liegenden Meeresspiegels noch mit dem Festland verbunden war, gibt es Spuren der Neandertaler auf dem Gebiet der heutigen Insel

13 000
Vermutlich erfolgt die endgültige Abtrennung der Insel vom Festland

Ab 800
Die Etrusker, die auch das italienische Festland besetzt halten, besiedeln die Insel und nennen sie »Ilva«, was in ihrer Sprache Eisen heißt und darauf hinweist, daß bereits in jener Zeit die Erzvorkommen der Insel entdeckt worden waren

Ab 400
Griechen besiedeln die Insel und gründen in der Bucht von Portoferraio die erste namentlich bekannte Siedlung: Argoos

396
Die Römer besiegen die Etrusker entscheidend und gewinnen die Oberherrschaft über das italienische Festland. Anschließend vertreiben sie die Griechen von Elba und beginnen ihrerseits, die Kupfer- und Erzlager auf der Insel abzubauen

575 nach Christus
Die Langobarden landen auf Elba und zerstören die Kirchen, die in den Jahrhunderten vorher von christlichen Flüchtlingen errichtet worden waren

774
Mit dem Sieg Karls des Großen über Desiderius versinkt das Langobardenreich. Auf Elba übernehmen die Sarazenen das Sagen, die zu dieser Zeit auch weite Teile des Tyrrhenischen Meeres beherrschen

1005
Der Republik Pisa gelingt es, die Sarazenen im thyrrenischen Meer zurückzudrängen und wichtige Stützpunkte zu erobern

1015
Die Sarazenen setzen sich wieder in Portoferraio und auf den umliegenden Inseln fest. Es kommt erneut zu einem erbitterten Kampf, in dessen Folge die meisten Orte der Insel fast völlig zerstört werden. Als Dank für die Hilfe im Kampf gegen die »ungläubigen« Sarazenen schenkt der Papst in Rom, der Elba als päpstliches Eigentum betrachtet, die Insel den kriegführenden Pisanern. In den folgenden drei Jahrhunderten erlebt Elba einen wirtschaftlichen Aufschwung

1291
Mit der Landung einer genuesischen Flotte von 40 Galeeren auf Elba ist die Zeit der Ruhe wieder einmal vorbei. Pisa kämpft um Elba und zahlt schließlich eine Ablösesumme für die Insel. Doch in Pisa beginnen erbitterte Familienkriege um die Vorherrschaft, die auch vor Elba nicht haltmachen

1392
Jacopo Appiani ernennt sich zum Herrn des Stadtstaats Pisa, zu dem Piombino und die umliegenden Inseln gehören. Appianis Sohn Gherardo verscherbelt Pisa an Galeazzo Visconti, den Herrn von Mailand, behält für sich selbst Piombino mit den Inseln, Pianosa und Montecristo. Dieser Staat Piombini bleibt zweihundert Jahre im Besitz der Familie Appiani. Allerdings sind die Appiani zu schwach, Elba und die anderen Inseln vor fortwährenden Piraten- und Sarazenenüberfällen zu schützen

1534
Es kommt in Rio Marina unter dem türkischen Großadmiral Chaireddin Barbarossa zum brutalsten und grausamsten Sarazenenüberfall. Die Einwohner werden im Schlaf überrascht und niedergemetzelt. Wer nicht getötet wird, wird gefangengenommen

1548
Die Herrschaft der Appiani ist zu Ende. Per kaiserlichem Dekret wird die Insel den Medici in Florenz zugesprochen, die über Portoferraio die Festungen Forte Stella und Forte Falcone bauen lassen, die heute noch als Musterbeispiele der Militär-Architektur des 16. Jhs. gelten

1603
Die Spanier setzen sich im heutigen Porto Azzurro fest und bauen eine Festung, was zur Folge hat, daß sich der Dreißigjährige Krieg mit wechselnden Folgen auch auf Elba auswirkt

1759
Die Spanier verlieren Elba an das Königreich Neapel. Elba wird in den folgenden Jahrzehnten zu einem wichtigen Handels- und Hafenzentrum

1802
Nach dreizehnmonatiger Belagerung können die Franzosen Portoferraio erobern. Im Frieden von Amiens wird die Insel den Franzosen ungeteilt zugesprochen

14. Mai 1814
Napoleon I. wird nach Elba verbannt

1859
Habsburg-Lothringen, das Elba inzwischen in Besitz genommen hat, verliert gegen Napoleon III., das Großherzogtum Toskana wird aufgelöst und Elba mit seinen umliegenden Inseln gehört fortan zum neuen Königreich Italien. Was auf Elba als Sieg gefeiert wird, ist für viele Jahre eine Niederlage. Denn die Inseln des Toskanischen Archipels werden nur noch als Gefängnisse genutzt

Ab 1910
Durch die Erzverarbeitung in den Hochöfen von Portoferraio bekommt Elba noch einmal wirtschaftliche Bedeutung. Die Hochöfen werden im Zweiten Weltkrieg zerbombt und nicht wieder aufgebaut

Ab 1950
Die Insel wird für den Fremdenverkehr entdeckt. Heute lebt der Hauptteil der Bevölkerung vom Tourismus

Von Caprili bis zu wechselnden Winden

Natur pur – das ist auf Elba kein leeres Versprechen. Von »versteinert« bis »versunken« begegnet man auf der Insel fast überall nur natürlichen Dingen

Caprili

Wer durch das Gebirgsmassiv des Monte Capanne im Westteil der Insel wandert, stößt immer mal wieder auf sogenannte Caprili. Das sind Hirtenhütten aus groben Steinen, die in ihrer Form an die Iglus der Eskimos erinnern. Der Name leitet sich vom italienischen Wort »capra« für die Ziege ab. Ziegenhirten waren es nämlich, die die Caprili im ausgehenden 19. Jahrhundert errichteten. Sie setzten Granitsteine so geschickt aufeinander, daß sie weder Mörtel noch Zement brauchten. Die Bauweise sorgt dafür, daß Regenwasser nach außen ablaufen und der Rauch eines Feuers durch die Ritzen zwischen den Steinen entweichen kann. Eigentlich dienten die Caprili den Hirten nur als Schutz vor plötzlich heraufziehenden Unwettern, doch dann nutzten sie sie auch zur Zubereitung von Käse aus der frisch gewonnenen Ziegenmilch. Heute haben die Steinhütten ihre Bedeutung verloren. Trotzdem findet man immer noch völlig intakte Caprili und kann sie zu einer kurzen Rast nutzen. Sie stehen bei Le Macinelle, Pietra Murata, Masso alle Quata, Colle della Grottaccia, I Campitini, Le Mura, Monte Cenno, La Sughera, La Collica, Lo Schiappone, Fosso Mallocci, Monte Tambone, La Tavola und Piana della Terra. Um diese Ortsnamen auf dem Plan zu finden, braucht man eine sehr genaue Wanderkarte.

Auf den Bergwiesen blühen Gräser und Kräuter

Etrusker

Sie waren quasi die ersten Besetzer Elbas: die Etrusker. Während die auf der Insel beheimateten prähistorischen Völker noch von Ackerbau und Viehzucht lebten, hatten es die Etrusker, deren Herkunft bis in die heutige Zeit ungeklärt ist, auf etwas ganz anderes abgesehen. Als sie zwischen 1000 und 800 v. Chr. immer weitere

Teile des heutigen Mittelitaliens besetzten und ihm zu einer ersten städtischen Hochkultur verhalfen, setzten sie auch nach Elba über, um hier an der Ostküste zwischen Rio Marina und Halbinsel Calamita Eisenerze im Tagebau zu gewinnen. Die Etrusker machten Elba fortan zu ihrer Waffenschmiede. Elbas Eisenerz hatte immerhin einen Anteil von 60 Prozent Eisen. Überall sah man »i forni etruschi«, die »etruskischen Öfen«. Heute erinnert daran eine 4000 qm große Parkanlage bei dem zur Gemeinde Capoliveri gehörenden Ort Norsi. Man sieht acht naturgetreue Nachbildungen etruskischer Schmelzöfen mit den charakteristischen Blasebälgen, die von einem hydraulisch angetriebenen Rad bewegt wurden. Für interessierte Gruppen gibt es auf Anfrage Führungen, bei denen der eine oder andere Ofen dann sogar für kurze Zeit seinen Betrieb wieder aufnimmt (Tel. 97 77 77; es meldet sich das Tourist-Inform-Center; fragen Sie nach Elvira Korf).

Fauna

Wenn man von der Tierwelt auf Elba spricht, dann muß man zu allererst einen kleinen, ziemlich häßlichen Jäger erwähnen, den die Insulaner *tarantola* nennen. Das klingt für unsere Ohren wie Tarantel und damit ziemlich giftig. Ist es aber nicht! Denn die *tarantola* ist ein Gecko. Der stammt zwar von Vorfahren ab, die kleine Saurier waren und schon vor 150 Millionen Jahren über die Erde wuselten, ist aber in keiner Weise gefährlich. Im Gegenteil! Geckos sind Fliegen- und Ungeziefervernichter. Gerade deshalb sollte man sie leben lassen, wenn man sie am frühen Morgen oder am späten Nachmittag an Hauswänden und Mauerumgrenzungen entdeckt. Die sonstige Tierwelt auf der Insel ist nicht gerade artenreich. Wildschweine sind in den Kastanienwäldern wieder angesiedelt worden. Sie werden manchenorts fast zu so etwas wie einer Plage, wenn sie auf der Suche nach Futter Gärten und Gemüseplantagen überfallen. Auch in der Macchia machen sie sich breit. Dort leben hauptsächlich Marder, Igel, Wildschafe, die noch geschützt sind, obwohl sie sich beträchtlich vermehren, und am Boden Schlangen, die aber zu über 90 Prozent ungiftige Nattern sind. Die einzige Giftschlange auf der Insel ist die Aspisviper. Man kann sie an ihrem plumpen Körper und einem kleinen Stummelschwanz erkennen. Sie ist sehr scheu und ergreift vor Menschen die Flucht. Sollte man trotzdem gebissen werden, muß sofort ein Arzt aufgesucht werden, der ein Antiserum spritzt. Unter den Insekten, die ihre Streifzüge auch von der Macchia aus unternehmen, gibt es Heuschrecken, Grillen, Zikaden und selbstverständlich Bienen. Die in anderen Mittelmeerregionen von Reisenden gefürchteten Stechmücken tauchen nur vereinzelt auf – und werden dann besonders gern von Geckos verspeist. Im Meer rund um Elba findet man die typische, reichhaltige Mittelmeerfauna. Austern, Krabben, Langusten und Muscheln lagern auf den Felsen und winzigen Korallenbänken; Goldbrasse, Thunfisch, Seebarbe und Zahnbrasse durchschwimmen sie. Nicht zuletzt ist das Meeresgetier auch Beute für die Silbermöwen und Reiher, die besonders entlang der Steilküste im Westen der Inseln nisten.

Fischfang
Für die Fischer wird es, wie überall auf dieser Seite des Mittelmeers, immer schwieriger, noch reiche Fischgründe zu finden. Trotzdem kommt immer noch eine Menge »heimischer« Fisch an Land, den man beispielsweise auf dem werktäglichen Fischmarkt »Galeazze« in Portoferraio bewundern kann. Allerdings ist im Restaurant nicht immer garantiert, daß man wirklich Mittelmeerfisch serviert bekommt. Dafür ist die Nachfrage in allen Touristenregionen Italiens viel zu groß.

Flora
Elba ist eine Welt der Pflanzen. Das hängt zum einen mit dem stets wechselnden Klima, zum anderen mit den unterschiedlichen Bodenverhältnissen zusammen. Neben lichten Kastanienwäldern ist das charakteristische Kennzeichen der Insel die schon mehrfach erwähnte Macchia. So nennt man den immergrünen Buschwald, der weite Teile der Insel überzieht. Er trägt seinen Namen nach der Hauptpflanze der Vegetation, der Zistrose, die auf dem Umweg über das Mittelmeer auch bei uns bisweilen Macchie genannt wird, weil sie auf der Insel Korsika ursprünglich mal als *mucchio* entdeckt und bezeichnet worden war. Die Macchia entwickelt jenen charakteristischen Duft, der einen besonders nach einem heißen Tag gegen Abend an ätherische Gesundheitsöle erinnert. Am schönsten ist die Macchia im Frühling. Das Grün der Blätter ist dann noch frisch. Und die Pflanzen, die sich um die Zistrose scharen, entfalten ihre Blüten. Da gibt es Pflanzen wie die Stechwinde, das Geißblatt und den immergrünen Schneeball, das lavendelblättrige Sonnenröschen oder den gelben Zistrosenschmarotzer. Am Rande der Macchia wachsen dann die für Elbas Küche typischen Gewürze: Beifuß, Fenchel, Melisse, Minze, Origano, Rosmarin, Salbei und Thymian. Über den einheimischen Wildwuchs hinaus gibt es selbstverständlich auch etliche Kulturpflanzen, die sich nicht selten über die Gartenzäune selbst in die Freiheit entlassen haben. Dazu gehören Bougainvillea genauso wie Mimosen, der Eukalyptus- wie der Feigenbaum, die Agave wie die Opuntie.

Klima
Die immergrüne Insel weist Temperaturen auf, die meistens milder sind als auf dem italienischen Festland, aber nicht so heiß werden wie auf den weiter südlich gelegenen Inseln Sardinien und Sizilien. Selbst im Winter sinkt das Thermometer nur ganz selten unter null Grad. Der Frühling kommt bereits Ende Januar mit der Mandelblüte, setzt sich im Februar und März mit der Mimosenblüte und der Pfirsichblüte fort und gipfelt dann im April im Aufbrechen aller Blüten in den schönsten Farben und Formen. Im Sommer ist das Meer um Elba herum zwischen Juni und September von angenehmer Temperatur zum Baden. Am höchsten ist die Wassertemperatur gegen Ende August.

Mineralien und Steine

Die Insel ist eine Fundgrube für Sammler von Steinen und Mineralien. Allerdings muß man heute schon sehr genau hinschauen, wenn man einen Fund machen möchte. Denn die großen Brokken der Vergangenheit liegen längst in Museen. An manchen Orten, besonders an verlassenen Erzgruben, ballen sich vor allem zur Haupturlaubszeit die Besucher, die mit Hacke und Schaufel nach kleinen Kostbarkeiten suchen. Was man wo finden kann? Wir geben eine kleine Übersicht:

Amethyst und Pyrit

Mineralien:

Aragonit, weiß bis in leicht-beige Färbungen hinein, in faserigen Krusten (bei Calamita und Terranera)

Azurit, tiefblaue, oft kleine Kristalle (bei Calamita, Rio Albano und Rio Marina, wo im Sommer die aufgelassenen Erzminen *(Tel. 96 27 47, Sa und So),* besichtigt werden können, in den noch zugänglichen Stollen ist das private Mineraliensuchen wegen Einsturzgefahr untersagt)

Beryll, helle, manchmal farblich schimmernde längliche sechseckige Kristalle (um San Piero in Campo und Sant'Ilario in Campo)

Brauneisen (Limonit), bräunlich-rote Kristalle (bei Terranera)

Eisenglanz (Hämatit), schwarzglänzende Plättchen (die wichtigsten Eisenerz-Lager sind bei Rio Albano, Rio Marina und Terranera)

Eisenspat (Siderit), sechseckige gelbe bis dunkelbraune Kristalle (bei Calamita und Rio Marina)

Epidot, grünliche langgestreckte Kristalle (bei Ginevro und Torre di Rio)

Gips, längliche Kristalle mit Perlmuttglanz (bei Calamita)

Hedenbergit, dunkelgrün bis schwarz schimmernde Kristalle (an der Ostküste, besonders bei Torre di Rio)

Ilvait, längliche verschieden feine, meist schwarzbraune Kristalle (bei Torre di Rio)

Kalkspat (Calcit), Kristalle in unterschiedlichen Farbschattierungen (über die ganze Insel verteilt, besonders bei Calamita)

Kieselkupfer oder *Kieselmalachit* (Chrysokoll), grüne bis tiefblaue Brocken (bei Calamita und Grotta Roma)

Kieselsäure (Quarz), weißliche Kristalle (bei Rio Marina, San Piero und Sant'Ilario)

Kupferkies (Chalkopyrit), seltene gelbglänzende Brocken (bei Calamita und Rio Marina)

Magnesiaglimmer (Biotit), dunkle Platten in Grün, Braun oder Schwarz (um San Piero)

Magnesit, braune, blumenkohlartige Brocken (im Campo, südlich von Sant'Ilario)

Magneteisenstein (Magnetit), schwarzglänzende Brocken (bei

Calamita, Ginevro, San Piero und Sassi Neri)

Malachit, smaragd- bis schwarzgrüne Kristallplatten (bei Calamita und Rio Albano)

Orthoklas, trüb-weiße Kristalle (bei Ginevro, San Piero und Rio Marina)

Schwefelkies, im Volksmund auch: Katzengold (Pyrit), messinggelbe Kristalle und Würfel (bei Calamita, Rio Albano, Rio Marina und Terranera)

Turmalin, länglich-weiße Kristalle (bei San Piero in Campo)

Darüber hinaus gibt es noch fünf, sechs Dutzend andere Mineralien auf der Insel.

Steine:
Man findet den schwarzgrünen *Andesit* (bei Volterraio und östlich von Marciana Marina), den dunkelgrünen *Gabbro* (bei Monte Orello), den ebenfalls grünlichen *Mittelbagranit* (in der Bucht von Scaglieri), den silbrig-schimmernden *Monte-Capanne-Granit* (wie der Name sagt: am Hauptberg der Insel), den weißen oder grauen *Porphyrischen Aplit* (nördlich von Marciana Alta, in einem Steinbruch direkt an der Straße) und den schwarzgrünen *Serpentit* (an der Straße von Rio Marina nach Porto Azurro, oberhalb von Lacona und unterhalb von San Piero in Campo).

Gesteins- und Mineraliensammlern kann an dieser Stelle selbstverständlich nur ein kleiner Einblick gegeben werden. Immerhin wird deutlich, warum Bernardino Lotti, ein großer italienischer Geologe des 19. Jhs., im Zusammenhang mit der von ihm erforschten Insel Elba von der »leuchtenden Perle des Tyrrhenischen Meeres« gesprochen hat.

Napoleon

»Oh, meine Insel ist sehr klein«, soll Napoleon Bonaparte, der Kaiser von Frankreich, bei einem seiner Besuche auf dem Monte Orello ausgerufen haben. Nachdem er am 6. April 1814 den Vertrag von Fontainebleau und damit seine Abdankung als Kaiser von Frankreich und Italien unterzeichnet hatte, wurde ihm die Insel Elba als »Ort des Aufenthalts für sein weiteres Leben« und »eigenes Fürstentum« zugewiesen. Auf dem englischen Segelschiff »Undaunted«, was soviel wie unerschrocken, furchtlos heißt, traf Napoleon am 3. Mai 1814 im Hafen von Portoferraio ein. Erst einen Tag später, am 4. Mai 1814, genau um 15.30 Uhr betrat Napoleon zum ersten Mal elbanischen Boden. Die Bevölkerung war im Hafen zusammengelaufen, neugierig auf jenen Mann, der eben noch Europa beherrscht hatte und nun nur noch Herrscher über Elba war. Die Stadtschlüssel von Portoferraio, die Bürgermeister Traditi ihm überreichen wollte, soll der kleine Napoleon mit einer großen Geste und den Worten »die sind in Ihren Händen sicher besser aufgehoben« abgelehnt haben. Schon die Botschaft, die Napoleon bereits am Morgen vor seiner Ankunft durch General Dalesme, den Kommandanten von Portoferraio, hatte überbringen lassen, war von der Bevölkerung bejubelt worden: »Einwohner der Insel Elba, die Schicksalsschläge haben den Kaiser Napoleon in Eure Mitte geleitet, und aus seinem eigenen Willen heraus wird er zu Eurem Herrscher. Vor Überschreiten der Mauern Eurer Stadt hat Euer neuer und erhabener Monarch an mich die folgenden Worte gerichtet, und ich beeile mich, sie Euch wissen zu lassen, da diese das Pfand für Euer künftiges Glück sind: ›General, ich habe meine Rechte im Interesse des Vaterlandes geopfert, und ich habe mir das Eigentum und die Herrschaft über die Insel Elba vorbehalten; damit waren alle Mächte einverstanden. Habt die Güte, den neuen Stand der Dinge den Einwohnern mitzuteilen, und daß die Wahl für meinen Aufenthalt aufgrund der Sanftheit ihrer Sitten und der Milde ihres Klimas auf ihre Insel gefallen ist. Sagt ihnen, daß sie der Gegenstand meines größten Interesses sein werden.‹ Das erfreulichste Ereignis, das je die Geschichte der Insel Elba berühmt hätte machen können, ist heute Wirklichkeit geworden. Unser erhabener Herrscher, der Kaiser Napoleon, ist zu uns gekommen. Gebt ruhig der Freude ihren Lauf, die eure Seele überschwemmen muß. Hört die ersten denkwürdigen Worte, die er an Euch alle gerichtet hat, während er mit den Beamten sprach, die Euch vertreten: ›Ich werde Euch ein guter Vater sein, seid mir gute Söhne!‹ Bis zu einem gewissen Grad hat Napoleon wohl sein Wort gehalten, wenn auch seine Bedeutung für Elba heute aus touristischen Gründen verklärt wird. Immerhin ließ Napoleon Straßen und Alleen anlegen; er förderte den Weinbau, den Thunfischfang, das Gesundheitswesen; und er führte die Müllabfuhr ein. Nicht ganz uneigennützig kümmerte er sich um die Steuern und Zölle, denn von den in Fontainebleau durch König Louis XVIII. zugesagten zwei Million Francs jährlich sah der verbannte Kaiser keinen Centime. Und der Lebenswandel, der Unterhalt seiner Villa, des Palazzo dei Mulini, in Portoferraio und der Sommerresidenz Villa di San Martino, sieben Kilometer vor der Stadt, kosteten eine Menge Geld. Beide können heute noch besichtigt werden. Mit viel Geschick und der Unterstützung seiner Mutter und der Lieblingsschwester Paolina Borghese führte der damals vierundvierzigjährige Napoleon ein umgängliches Gesellschaftsleben, das ihm den Ruf eines »Operettenkaisers« einbrachte, das ihm aber auch immer wieder ermöglichte, heimliche Gesandte und Agenten aus dem alten Kaiserreich unter dem Deckmantel rauschender Feste zu empfangen. Auf diese Art bestens informiert, konnte Napoleon nach nur 300 Tagen seine Rückkehr nach Frankreich einleiten – mit dem bekannten Ergebnis: den 100 Tagen Herrschaft, seinem Waterloo und der endgültigen Verbannung auf die viel einsamere und viel entfernter liegende Insel St. Helena. Von den Elbanern hatte er sich mit einer Botschaft verabschiedet, die genauso freundlich klingt wie sein Dekret bei der Ankunft: »Elbaner, ich hinterlasse Euch Frieden. Ich hinterlasse Euch Wohlstand. Ich hinterlasse Euch eine saubere, schöne Stadt. Ich hinterlasse Euch meine Straßen und Bäume, für die Eure Kinder mir danken werden.«

Radfahren

Als 1993 die weltbesten Radrennprofis bei der nach der Tour de France berühmtesten Straßenrundfahrt der Welt, dem Giro d'Italia, ihre Startetappe auf Elba, nämlich von Porto Azzurro nach Portoferraio absolvieren mußten, wurde einem breiten Publikum bewußt, was die Radsportfreunde längst wissen: Elba ist ein Paradies für Radfahrer, die je nach körperlicher Kraft und Können unterschiedlich schwierige Routen wählen können. Hilfreich ist der zweisprachige Mountain-Bike-Führer (italienisch/englisch) mit einem in Kilometerabstände eingeteilten Roadbook, den es für 7000 Lit. an Zeitungskiosken gibt.

Ausführliche Informationen gibt es auch bei »Nonsolobike« (Redinoce/Procchio, Tel. 90 73 61). Dort hält man Vorschläge für Fahrradtouren mit unterschiedlichen Schwierigkeitsgraden bereit, bei denen man auf Wunsch auch von ortskundigen Führern begleitet wird. Außerdem kann man dort Mountainbikes mieten. In den Monaten Juli und August läßt »Nonsolobike« unter Mitgliedern und Nichtmitgliedern den »Grand Prix d'Elba« ausfahren, eine Geschicklichkeitsprüfung, bei der man seine Inselkenntnisse unter Beweis stellen muß.

Raffaello Brignetti

Der bekannteste Schriftsteller der Insel Elba heißt Raffaello Brignetti. Eigentlich ist Brignetti ja 1921 auf der zum Toskanischen Archipel gehörenden Nachbarinsel Isola del Giglio geboren. Doch kurz nach seiner Geburt wurde der Vater Leuchtturmwärter am Forte Focardo in Capoliveri auf Elba, wo der Junge dann auch aufwuchs. In Rom studierte er unter anderem als Schüler von Giuseppe Ungaretti. Nach dem Studium lebte er dort als Journalist und Schriftsteller. 1967 erhielt er für seinen Erzählband »Il Gabbiano Azzurro«, der auf Deutsch unter dem Titel »Die blaue Möwe« erschienen ist, mit dem Viareggio-Preis eine der begehrten Literaturauszeichnungen Italiens. Die Allmacht des Meeres ist das zentrale Thema im Schaffen von Raffaello Brignetti, denn – so der Erzähler in seinem im Band »Die blaue Möwe« enthaltenen »Bericht vom Meer«, einer Liebesgeschichte zwischen einer schönen Gefangenen und einem Gefängnisarzt, der ihr zur Flucht übers Wasser verhilft – »gewaltiger denn je umgab das Wasser ein Stück Erde, das im Vergleich zu ihm keinerlei beachtenswerte Größe darstellte«. Nach einem schweren Autounfall kam Brignetti bis zu seinem Tod 1984 auf die Insel zurück und lebte zurückgezogen in Marciana Marina. Nach ihm ist der elbanische Literaturpreis benannt, den auch schon die Deutschen Heinrich Böll, Alexander Kluge und Gregor von Rezzori, der in der Toskana lebt, bekommen haben.

Salz

Im 17. und 18. Jh. hatte Elba bei San Giovanni eine der produktivsten Salinenanlagen Italiens. In drei riesigen Becken wurde aus hineingepumptem Meerwasser Salz gewonnen. Das gewonnene Salz mußte 40 bis 50 Tage in der Sonne trocknen, bevor es durch die Bucht von Portoferraio in das Salzmagazin der Stadt gebracht wurde. Anfang des 19. Jhs. wurden die Salinen unrentabel. Die Elbaner in dieser Gegend setzten lieber auf die prosperierende

Eisenhüttenindustrie. Die Eisenerzrückstände lagerten sie in den alten Salinen ab. Salzrückstände und Mineralien gingen eine chemische Verbindung ein, die den Algenwuchs förderte. Im Laufe der Jahrzehnte entstand so ein besonderer Meeresschlamm mit Heilwirkung. Der wird seit den fünfziger Jahren dieses Jahrhunderts in der Therma San Giovanni gezielt eingesetzt.

Segeln
Unter Seebären ist es kein Geheimnis: die etwa 100 Seemeilen Mittelmeer, die sich zwischen Korsika im Westen und dem italienischen Festland rund um Elba erstrecken, sind ein lobenswertes Segelrevier. Die Gründe dafür liegen auf der Hand: Korsikas Gebirgskette hält allzu starke Stürme ab; das Meer bleibt ruhig. Auch gibt es im Gebiet um Elba kaum Sandbänke oder Riffs, auf die man auflaufen könnte. Schließlich bieten zahlreiche Buchten und Jachthäfen auf Elba Schutz für den Fall, daß doch einmal ein aus Süden oder Osten einfallender Wind zum Sturm wird.

Sprache
Selbstverständlich ist die Umgangssprache auf der Insel Italienisch. Allerdings gibt es verschiedene Dialekte, die zum Teil stark voneinander abweichen. Historisch ist das auf den unterschiedlichen Einfluß der Besatzer in den jeweiligen Ecken zurückzuführen. So sprechen die Alten von Portoferraio und Azzurro fast reinen toskanischen Dialekt. In Marciana Marina ist er durchsetzt mit starken pisanischen Elementen, während nur acht Kilometer den Berg hinauf in Marciana Alta noch elbanisches Korsisch gesprochen wird, das ursprünglich im Inselinnern weit verbreitet war. Der Reisende kann deshalb auch mit guten Italienischkenntnissen manchmal den Gesprächen der Einheimischen nicht folgen. Gerade in den Urlaubshochburgen an den Stränden versteht und spricht man englisch und oft sogar deutsch. Trotzdem sollte man versuchen, wenigstens mit ein paar Brocken italienisch das Herz des Elbaners zu erobern. Ein freundliches *buon giorno* (guten Tag!), ein schnelles *prego* (bitte), *grazie* (danke), *scusi* (Entschuldigung), ein nettes *arrivederci* (auf Wiedersehen!) wirken oft Wunder, und man kommt Ihnen viel hilfsbereiter entgegen.

Tauchen
Mit seiner wechselhaften Küste ist Elba ein Paradies für Taucher. Sowohl Schnorchler als auch Sportler, die mit schwerem Gerät in die Tiefe gehen, kommen auf ihre Kosten. Gerade an den steil ins Meer abfallenden Felsen haben sich Korallengärten mit abwechslungsreicher Fischbevölkerung entwickelt, die man von der nächstgelegenen Bucht bequem mit dem Boot erreichen kann. Überall auf der Insel kann man Tauchen und Schnorcheln lernen. Besonders reizvoll ist es für viele Taucher, daß man neben der scheinbar unzerstörten Unterwassernatur auch noch so manches Abenteuer erleben kann: Rund um Elba kann man immer noch archäologische Funde machen. Schiffswracks zum Teil noch aus römischer und griechischer Zeit geben bis heute Fracht

wie Amphoren oder Zubehör wie Anker frei.

Wandern

Das heißt nun eigentlich Ziegen nach Elba tragen, aber notiert werden muß es trotzdem: Die Insel ist ein Wanderparadies. Überall gibt es Pfade und Wege unterschiedlicher Schwierigkeitsgrade. Es muß ja nicht gleich der Aufstieg zum Monte Capanne, dem höchsten Berg, sein. Es gibt gleich eine Handvoll Wanderführer. Einer, den es an den Kiosken und Rezeptionen großer Hotels zu kaufen gibt, wollen wir herausgreifen, weil er besonders sorgfältig (mit Detailkarte) und sehr umfangreich ist: »Elba zu Fuß und zu Pferd – Großer Wanderführer über Elba, Capraia und Montecristo« von Mario Ferrari und Renato Giombini, in deutscher Übersetzung von Gisela Gaßmann-Laguzzi (Editrice Azzurra, 23 000 Lit.).

Wind

Über Elba wehen eine ganze Menge Winde. Oft wechseln sie innerhalb kürzester Zeit. Manchmal scheinen sie sich an der höchsten Erhebung, dem Monte Capanne, richtiggehend festzuhaken. Im Sommer sorgen sie auch bei hohen Temperaturen für Kühlung (Vorsicht, Sonnenbrand!); im Winter können sie sich zu gewaltigen Stürmen auswachsen, die manchmal sogar die Fährschiffahrt lahmlegen. Rund um die Insel unterscheidet man den Grecale (kommt trocken aus Nordost), den Levante (ebenso trocken aus Ost), den Maestrale (kalt und mächtig aus Nordwest), den Mezzogiorno (warm aus Süd), den Ponente (bringt gutes Wetter aus West), den Scirocco (kommt trocken und heiß von den Wüsten Nordafrikas aus Südost) und den Tramontana (weht trocken und kalt aus Nord, verheißt aber gutes Wetter).

Fischer bei Porto Azzurro

Elba – insula vini ferax

Schon die alten Römer wußten den Genuß zu schätzen, zu dem besonders Elbas Weine verführen

Manch einer spricht davon, daß es eine typische elbanische Küche nicht gebe, nicht geben könne, weil die Insel einfach zu klein gewesen sei für die Entfaltung einer regionalen Kochkunst. Das ist selbstverständlich Unsinn, obwohl heute in den vielen von Urlauberwünschen geprägten Restaurants in der Nähe der Touristenzentren Speisekarten vorherrschen, die italienische Küche anbieten, wie sie auch jenseits der Alpen längst zum Alltag gehört: Pizza und Pasta satt; da weiß man, was man hat!

Und, um es an dieser Stelle gleich abzuhandeln, es gibt sogar Gasthäuser in der Nähe großer Campingplatz-Kolonien, die hauptsächlich von Deutschen besucht werden, mit einem Angebot von Wiener Schnitzel, Currywurst, Grillhähnchen und deutschem Bier!

Essen

Eine Insel wie Elba, seit Jahrhunderten von fischreichen Wassern umgeben, tischt zuallererst, wer dächte nicht daran, Fisch auf – und zwar in reichlichen Mengen und von meist duftender, zart schmackhafter Frische. Im Netz liegen köstliche nicht ganz preiswerte Langusten, Sardinen und Tintenfische, Seebarsch und Seehecht, Garnelen und Muscheln – und etwas, mit dem man ungewohnt und aufregend ein abendliches Essen beginnen kann: Seeigel. Den stachligen, mandarinengroßen Tieren wird die obere Rundung wie ein Deckel abgehoben. Das Fleisch wird dann mit ein paar Spritzern Zitronensaft beträufelt und herausgelöffelt: *ricci di mare* heißen sie, wenn Sie sie bestellen mögen.

Neben den Seeigeln gibt es anderes, ebenfalls feines, wie *fritto misto,* in zartem Teig ausgebakkene Polpette, Gamberini und Krebse, oder den *riso nero,* jenes mit Stücken und der Flüssigkeit aus der Tintenblase des Sepia versetzte Risotto – man bekommt es freilich auch in anderen Regionen Italiens. Dort allerdings so nicht zu finden, ist die *sburita.* So heißt eine Suppe, die aus Öl, Knoblauch, altbackenem Brot, wilden Kräutern aus der Macchia und Stockfisch gemacht wird.

Lukullische Genüsse: frischer Fisch und Meeresfrüchte

In der Küche wird im Dienste des Gastes hart gearbeitet

Stockfisch, den man gemeinhin immer den Küchen weit oben im Norden Europas zurechnet, spielt – ähnlich wie an der ligurischen Küste und in Portugal – in den Kochtöpfen Elbas eine nicht unwesentliche Rolle. Der dauerhaft haltbare Stockfisch kann immer dann hergenommen werden, wenn andere Zutaten ausgegangen sind. Spezialitäten auf Elba sind *stoccafisso alla riese,* der zum ersten Mal in der Gegend um Rio nell'Elba im östlichen Inselteil mit Zwiebeln, Tomaten, Paprika, Pfeffer, Parmesankäse, schwarzen Oliven, Inselkräutern und Pinienkernen zusammengerührt worden sein soll, und *stoccafisso in umido con patate,* der mit Kartoffeln und Tomaten zubereitet wird. Wer die Stockfisch-Gerichte auf einer Speisekarte findet, sollte sie auf jeden Fall probieren, denn sie werden immer seltener angeboten.

Das gilt auch für das geschmorte Gemüse *gurguglione,* in dem Paprika dominiert, die *tonnina in agrodolce,* einen gesalzenen mit unreifen Trauben süßsauer eingelegten Thunfisch und *zuppa dei morti,* die (Brot-)»Suppe der Toten« mit Eiern, Zwiebeln und Kartoffeln.

Schon häufiger begegnet man den *sardine ripiene* – Sardinen, die mit einer Masse aus Eiern, Pfeffer, Salz, Knoblauch und gehobeltem Parmesankäse gefüllt und dann gebraten werden. Ihre Heimat soll der Küstenort Marciana Marina im Norden sein. Selbstverständlich werden Fische und Schalentiere in verschiedenen Zubereitungen auch als Vorspeisen *(antipasti)* und mit Nudeln oder Reis als erster Gang *(primo piatto)* serviert.

Neben dem Reichtum an Fischgerichten nimmt sich das Angebot an Fleischspeisen eher ärmlich aus. Sicher es gibt Rind und Schwein und Kalb und Wild – besonders *cinghiale,* das Wildschwein –, aber meistens werden die Fleischbrocken, die im Sommer wegen der Hitze wie in allen Mittelmeerländern nicht abhängen können und deshalb leicht zäh sind, nur auf den Grill geworfen. Und auch dies soll nicht verschwiegen werden, obwohl es Jahr für Jahr zu Recht Proteste gegen das Singvogelmorden gibt: Hin und wieder stehen *tordi arrosti,* gebratene Drosseln, als Vorspeise auf der Karte. Man muß sie ja nicht bestellen.

Zu den Fleischgerichten bietet sich ein gemischter Salat an *(insalata mista),* der besonders reichhaltig sein kann. Er kommt meistens unangemacht auf den Tisch. Man serviert allerdings in guten Häusern bestes Olivenöl und Balsamico-Essig dazu. Eine Gemüsespezialität auf Elba sind nach den ersten großen Regen des Herbstes die Pilze *(funghi).* Sie sprießen in den Wäldern und der Macchia reichhaltig. Besonders lecker sind Steinpilze *(porcini),* die viele Restaurants dann sogar zu erschwinglichen Preisen auf ihre Speisekarte nehmen.

Bleibt noch der Hinweis auf das Dessert *(dolce).* Für Süßigkeiten haben die Elbaner nicht nur Verständnis. Sie sind auch sehr erfindungsreich und schaffen immer neue Torten und Kekse. Zwei typische Elba-Kuchen sind *schiaccia briaca* und *sportella.* Die *schiaccia briaca* brachten die Sarazenen nach Elba. Der Teig aus Mehl, Wasser, Pinienkernen, Mandeln und Rosinen ist gebacken besonders lange haltbar und war den damals auf Elba auch ansässigen Piraten gerade recht für ihre oft wochenlangen Raubzüge übers Meer. Die *sportella* kommt ursprünglich aus Rio nell'Elba und ist sehr viel schwieriger herzustellen. Wir haben uns die verschiedenen Zubereitungsphasen des Kuchens von Insel-Chronistin Carla Francone erläutern lassen: »Am ersten Abend verknetet man drei Kilo Mehl mit ungefähr 30 Gramm Hefe, die in einem Glas warmen Wassers aufgelöst wird. Dann läßt man den mit einem feuchten Tuch bedeckten Teig an einem dunklen Ort aufgehen. Am nächsten Morgen stellt man den gleichen Teig nochmals her, diesmal aber unter Zugabe von drei Eiern. Dann werden die beiden Teige vermengt und noch einmal zwölf Stunden zum Ruhen dunkel gestellt. Dann wird der Teig mit neuem Mehl, neuen Eiern und Zutaten nach Geschmack (Rosinen, Mandeln) vermengt und kraftvoll und lange bearbeitet. Schließlich gibt man ihn in eine Hufeisenform mit gekreuzten Spitzen, auf die ein mit einem Teigkreuz festgestecktes Ei gesetzt wird. Der Kuchen wird dann mit einem in etwas Milch verdünnten Eigelb bestrichen und in einen Holzofen mit einer Temperatur zum Brotbacken (220 Grad) geschoben.« Wenn er dann goldgelb ist, kann man ihn probieren. Dazu paßt ein Gläschen Dessertwein von der Insel, womit wir beim zweiten Teil des Themas »Genuß auf Elba« wären, dem Wein.

Trinken

Elbas Dessertwein *Aleatico,* der eine einzigartige dunkelrote, ins Violett übergehende Farbe hat und sanft und samtig über die Zunge in die Kehle rinnt, wird der Überlieferung nach schon seit über 1000 Jahren auf der Insel gekeltert. Was gut möglich ist. Denn Wein wird auf dieser Mittelmeerinsel angebaut und ver-

Ein leichter und erfrischender Imbiß für unterwegs: Wassermelonen

arbeitet, seit es die leidlich zuverlässige Geschichtsschreibung gibt. »Insula vini ferax«, schrieb der römische Schriftsteller Plinius über Elba, der im Jahrhundert nach Christi Geburt gelebt hat, »Insel des fruchtbaren, des ergiebigen Weines«.

Fruchtbar und ergiebig sind die Weinreben immer noch, was mancher nicht glauben mag, der im späten Frühjahr oder auch im Sommer einen durchaus kalten Regenwind hat über die Insel fegen sehen. Doch davor schützen die Weinbauern ihre Reben, indem sie sie nicht wie in anderen Weinbaugebieten hochziehen, sondern durch Schnitt künstlich zurückhalten. Aus dem mineralienhaltigen Boden ziehen die unterschiedlichen Trauben dann ihre Geschmacksnuancen, die nicht unbedingt jedermanns Geschmack sind, die aber immer Charakter haben. Bei dem Angebot tut Übersicht not. Es gibt:

Aleatico, den bereits erwähnten harmonischen Dessertwein;

Elba Spumante, einen trockenen, halbtrockenen und süßen Schaumwein, den man erst seit 60 Jahren auf Elba herstellt;

Moscato, einen lieblichen, goldgelben Tropfen, den man ebenfalls zum Dessert trinkt;

Procanico, einen trockenen weißen Wein, der – vorsichtig! – einen satten Alkoholgehalt hat und den man meistens bekommt, wenn man *Elba bianco* bestellt;

Rosato, den Roséwein, den auch Weinkenner zu schätzen wissen und *Sangioveto,* den trockenen Roten, den man bekommt, wenn man *Elba rosso* ordert.

Bei der Bestellung fragen die meisten Kellner, ob der Gast ein Mineralwasser mit Kohlensäure *(con gas)* oder ohne *(senza gas)* haben möchte. Sie sollten eines bestellen, auch wenn in der Regel zu Brot und Butter, die man mit dem *coperto* (zwischen 2000 und 3500 Lit.) entlohnt, ein Krug eiskaltes Leitungswasser serviert wird. Versuchen Sie beispielsweise das sogar heilende »Fonte Napoleone« aus Elbas bekanntester Mineralquelle bei Poggio.

Abschließend noch ein Tip: Wenn Sie am Leben im Gasthaus teilnehmen möchten, gehen Sie nie vor acht oder halbneun am Abend zum Essen, aber vergessen Sie vorher (besonders in der Hauptsaison) nicht, einen Tisch zu bestellen. Und dann lassen Sie sich in einem guten Gasthaus doch einfach einmal dazu verführen, auf die Speisekarte zu verzichten. Der Wirt schwärmt Ihnen – auf Elba sogar nicht selten in gebrochenem Deutsch – von seinen Tagesgerichten vor, und wenn er dazu seinen offenen Hauswein empfiehlt, dann sollten Sie es nicht besser wissen wollen und nach der Weinkarte fragen. Eines sollten Sie bei einem solchen Angebot allerdings tun: den Wirt höflich nach dem Preis des Mahls fragen, damit es später beim Bezahlen keine unangenehmen Überraschungen gibt.

Damit Sie im Gasthaus mitreden können, haben wir ein paar gängige Vokabeln für Sie zusammengestellt:

Ist hier in der Nähe ein gutes Restaurant? – *C'è un ristorante qui vicino?*
Wo gibt es das Frühstück? – *Dove si fa la prima colazione?*
Ich möchte etwas essen – *Vorrei mangiare qualcosa*
Haben Sie einen Tisch frei? – *Ha un tavolo libero?*
Herr Ober! – *Cameriere!*
Was empfehlen Sie uns? – *Cosa ci raccomanda?*
Bringen Sie mir die Speisekarte! – *Mi dia la lista!*
Gibt es eine Spezialität des Ortes? – *C'è un piatto tipico del posto?*
Wieviel kostet es? – *Quant'é?*
Die Rechnung bitte! – *Mi dia il conto, per favore!*
Guten Appetit! – *Buon appetito!*
Darf ich Ihnen etwas Wein einschenken? – *Permette che Le versi un po' di vino?*
Auf Ihr Wohl! – *Alla Sua salute!*
Prost! – *Cin-Cin!*
Ich möchte etwas trinken! – *Vorrei bere qualcosa!*
Wollen Sie Flaschenwein oder offenen? – *Vuole vino in bottiglia o sciolto?*
Geben Sie mir bitte die Weinkarte? – *Mi dia la lista dei vini, per favore?*
ein Viertelliter Hauswein – *un quatro di vino de la casa*
Welchen Wein empfehlen Sie uns hierzu? – *Che vino ci reccomanda con questo?*
Ist er herb oder süß? – *È secco o dolce?*
Bringen Sie mir etwas frisches Wasser bitte? – *Mi porti un po' d'aqua fresca, per favore!*
Fruchtsaft – *lo sciroppo*
Limonade – *la bìbita*
Orangensaft – *il succo d'arància*

Honigsüße Strufoli

Das Kochbuch der Insel Elba gibt Anleitung für eine ganz besondere Süßigkeit: die *strufoli*. Man durchknetet 500 g Mehl, vier Eier, vier Eßlöffel Zucker, vier – wie es die Elbaner Hausfrauen bei der Abmessung vieler Flüssigkeiten machen – halbe Eierschalen voll Muskatwein und ein halbes Tütchen Backpulver zu einem geschmeidigen Teig. Der wird zu haselnuß-großen Bällchen gerollt, die dann in reichlich Öl ausgebacken werden. Abschließend läßt man die Kügelchen auf einem saugfähigen Papier abtropfen. Dann wird in einer Pfanne reichlich Honig erhitzt. Nacheinander werden die Strufoli in den Honig gelegt und solange gewendet, bis sie sich rundherum vollgesogen haben.

Man schneidet Butterbrotpapier in Stücke, nimmt die Honigbällchen einzeln heraus und drückt sie auf dem Butterbrotpapier aneinander, so daß sie nach dem Erkalten kleine Plättchen ergeben, nämlich die *strufoli*.

Lassen Sie sich Honig um den Bart schmieren!

Wie überall in Italien kann man auch von Elba eine ganze Menge für Küche und Keller mitnehmen

Die Frage, ob man überhaupt ein Andenken von seiner Urlaubsinsel mitnehmen muß oder nicht besser damit fährt, einfach die Erinnerung an einen herrlichen Sonnenunter- oder -aufgang in seinem Herzen zu bewahren, beantworten die Geschenk- und Souvenirshops, die es auch auf Elba selbstverständlich gibt. Sie verkaufen hier jede Menge Wimpel, Tücher, Nippes mit maschinell gemalten Ansichten von Teilen der Insel, die daheim – die Erfahrung zeigt's – doch nur in einer ohnehin schon überfüllten Schublade landen.

Nicht unbedingt in diese Kategorie gehören die Mineralien, die es auf dieser Insel reichlich gibt. Mit etwas Glück kann man sogar immer noch selbst welche finden, wenn man abseits der Hauptwege wandert. Es gibt sie aber auch in den Souvenirläden der einzelnen Orte, dort allerdings nicht immer als reinen Stein, sondern oft auf Platten geklebt, die einen »Gruß aus Elba« verheißen. Ursprünglicher findet man Mineralien in den Fachgeschäften in und um Porto Azzurro. Dort kann man auch sicher sein, daß man einen reellen Preis bezahlt.

Was für die fliegenden Händler nicht gilt, die bisweilen ebenfalls Mineralien bei sich tragen. Sie ziehen wie in allen Urlaubsgegenden rund um das Mittelmeer die Strände entlang und bieten allerlei überflüssiges Zeug an, das zudem in den seltensten Fällen tatsächlich auf der Insel produziert worden ist. Das gilt leider ebenso für den Korallenschmuck, den es in allen Größen und Formen auch in den Geschäften gibt. Allerdings: Wer ihn schön findet, soll ihn mögen.

In allen Geschmacksrichtungen gibt es Keramik-Gut von der Insel. Es wird an mobilen Ständen entlang der Hauptverbindungswege auf der Insel verkauft. Man kann es in seiner robusten, rohen Form erstehen oder kunst-

Dem allgegenwärtigen Kaiser kann man auf Elba nicht entkommen

voll, manchmal kitschig bemalt. Da die Amphoren, Krüge, Vasen und Schüsseln aus Keramik auch im täglichen Leben der Elbaner eine wichtige Rolle spielen, sind die Preise nicht überhöht. Für den sicheren Transport ins Heimatland muß natürlich jeder selber sorgen. Die Keramiken sind besonders geeignet für die Lagerung und Verarbeitung von Lebensmitteln.

Diese sind, wie fast überall in Italien, selbstverständlich auch ein immer apartes und dazu noch schmackhaftes Mitbringsel. Seien es vorgefertigte Nudeln, die es in vielen Formen gibt und die sich nach der Rückkehr bei sachgerechter Lagerung gut zwei Wochen halten lassen. Oder seien es die berühmten Kräuter, die überall in den Wäldern und der Macchia auf Elba wachsen. Mit Kenntnis und etwas Glück kann man sie sogar selbst pflücken. Es gibt sie aber auch frisch oder getrocknet (in Reformhäusern und auf den Märkten) zu kaufen. Frisch überstehen sie in Plastikbeuteln die Heimreise ganz gut, sollten dann aber bald beim Kochen verarbeitet oder kleingehackt tiefgefroren werden. Dem Elba eigenen Geschmack der Gewürze ähnlich ist der Geschmack des Elba-Honigs, der überall angeboten wird. Lassen Sie sich ihn ruhig um den Bart schmieren; er ist sein Geld wert!

Das gilt schließlich auch für den Wein, den die vielen Autotouristen aus Deutschland, wenn sie genug Platz im Kofferraum

Keramik und Terracotta sind beliebte Mitbringsel

lassen, nach der Schaffung des europäischen Binnenmarktes jetzt ja in größeren Mengen ausführen dürfen.

Am besten kauft man den Wein in den sogenannten *cantinas.* Das sind heute Abfüllniederlassungen, in denen echter Elbawein verkauft wird. Früher fand in den meist ebenerdigen Gebäuden mit den dicken Steinmauern und den wenigen Fenstern – beides sollte eine Überhitzung des Innenraums im Sommer verhindern – auch das Keltern und das Abfüllen auf mächtige Kastanienholzfässer statt. Meist lebte sogar die Familie des Weinbauern darin.

Beim Kauf von Elbawein in Geschäften und Supermärkten sollte man darauf achten, daß man keinen verschnittenen Wein erwischt. Die Bezeichnungen auf dem Etikett helfen: *Denominazione di origine controllata* (D. O. C.) und *denominazione di origine controllata e garantita* (D. O. C. G.) garantieren die Echtheit. Außerdem darf die Angabe *prodotto e imbottigliato nell'Isola d'Elba* (»produziert und abgefüllt auf der Insel Elba«) nicht fehlen, die allerdings auch durch den Hinweis ersetzt werden kann, daß der Wein durch den Erzeuger *(dal produttore, da viticoltore)* oder in der Region *(nella zona die produzione, all'origine)* abgefüllt ist.

Die Öffnungszeiten der Geschäfte sind auf Elba nicht immer regelmäßig. Das ist erlaubt, da es in Italien keine gesetzlich geregelten Ladenschlußzeiten gibt. Die Faustregel für die Insel, die Mo–Sa gilt: die Geschäfte öffnen um 8.30 und schließen nicht vor 19.30 Uhr. Zwischen 12.30 und 16 beziehungsweise 17 Uhr gibt es eine ausgedehnte Mittagspause.

Durchaus reizvoll kann ein Besuch der Wochenmärkte sein, die Elbas größere Orte aufeinander abgestimmt haben und auf denen zwischen 9 und 13 Uhr verkauft wird. Sie finden statt: Mo in Rio Marina, Di in Marciana Marina, Mi in Marina di Campo, Do in Procchio und Capoliveri, Fr in Portoferraio und Sa in Porto Azzurro. Insgesamt sollte man zum Einkauf ein wenig Zeit mitbringen, da die italienischen Kaufleute – die Elbaner machen da keine Ausnahme – gern zeigen, was sie alles anzubieten haben.

Damit sie ein wenig mithalten können, haben wir ein paar gängige Wendungen aus dem Geschäftsalltag aufgelistet:

Werden Sie schon bedient? – *Vienne già servito?*

Was wünschen Sie? – *Che cosa desidera?*

Wieviel wünschen Sie? – *Quanto ne desidera?*

Wieviel kostet das Pfund? – *Quanto costa il mezzo chilo?*

Das ist zu teuer! – *È troppo caro!*

Kann ich es anprobieren? – *Posso provàrmelo?*

Bitte zur Kasse! – *Per favore, alla cassa!*

Wo ist die Kasse? – *Dov'è la cassa?*

Können Sie es mit einpacken? – *Può farmi un pacco?*

Können Sie es ins Hotel schikken? – *Può mandarlo all'albergo?*

Darf ich es umtauschen, wenn es mir nicht paßt? – *Posso cambiarlo se non mi va bene?*

Es hat einen Fehler! – *Ha un difetto!*

Es gefällt meinem Mann nicht! – *Non piace a mio marito!*

Ich komme wieder vorbei! – *Ripasserò*

Wo man auch Pferde segnet

Die Ortsheiligen bestimmen auf der Insel die feierlichen und trotzdem auch ausgelassenen Tage

Wie in den meisten Städten und Gegenden Italiens bestimmt auf Elba der Kalender der katholischen Kirche die Feiertage. Und vieles von dem, was – neben den auch bei uns bekannten kirchlichen Feiertagen – auf der Insel Anlaß für ein Fest gibt, hat ebenfalls einen religiösen Ursprung. Denn fast jede Gemeinde verehrt einen Ortsheiligen, dem mindestens einmal im Jahr die Ehre einer Feier gegeben werden muß.

Nun darf man sich das nicht nur als stocksteifen, ritualisierten Gottesdienst vorstellen. Denn in der Regel begehen die Elbaner den Tag des Ortsheiligen nicht nur mit einer Heiligen Messe in der Dorfkirche. Anschließend wird je nach Jahreszeit auf dem Dorfplatz oder im Saal eines Gasthauses mit Gesang, Tanz, mit Essen und Trinken weitergefeiert. Die Lebensfreude der Italiener läßt die Nähe von Liturgie und Lust auch auf dieser Insel zu.

Davon merken die meisten Touristen, die sich zwischen ihrem Urlaubshotel und dem Surfstrand hin- und herbewegen, in der Regel nichts und begeben sich dadurch der Möglichkeit, schöne Einblicke in eine traditionsreiche Welt zu bekommen. Es ist nicht immer leicht, Zugang zu den kleinen Dorfgemeinschaften zu finden. Denn gerade in den Berggemeinden kommt man Urlaubern, die Bermuda-Shorts tragen und mit den unvermeidlich gewordenen Camcordern folkloristische Filme machen wollen, nicht gerade mit ausgebreiteten Armen entgegen. Wer sich aber höflich gibt und bereit ist, sich mit einem örtlichen Fest treiben zu lassen, der wird schnell merken, daß er eine schwebende, leichte Fröhlichkeit erleben kann, die so nur in südlichen Gefilden zu finden ist.

Die Kirche Madonna del Monte ist Ziel einer Osterwallfahrt

GESETZLICHE FEIERTAGE

1. Januar: *Neujahr*
6. Januar: *Dreikönigsfest*
Karfreitag
Ostermontag (wird sehr ernst gefeiert, alle Geschäfte, außer an den Strandpromenaden, bleiben geschlossen)
25. April: *Tag der Befreiung*
1. Mai: *Tag der Arbeit*

MARCO POLO TIPS FÜR FESTE

1 **17. Januar: Capoliveri**
Segnung von Pferden und Reitern auf dem Markplatz (Seite 36)

2 **Faschingssonntag: Porto Azzurro**
Bunter Karneval mit Umzug in allen Straßen (Seite 36)

3 **1. Mai: Portoferraio**
Kostümumzug zu Ehren des immer noch verehrten Verbannten Napoleon Bonaparte (Seite 36)

4 **15. August: Marciana Alta**
Große Wallfahrt zur Madonna del Monte (Seite 37)

1. So im Juni: *Proklamation der Republik*
3. So im Juli: *Erlöserfest*
15. August: *Mariä Himmelfahrt und Ferragosto.* An Ferragosto beginnen in Italien die großen Ferien, und es zieht auch die Italiener an die Strände, also auch auf die Insel Elba. In den nächsten zwei, drei Wochen sind die meisten Hotels ausgebucht. Elba ist fest in italienischer Hand.
1. November: *Allerheiligen*
8. Dezember: *Mariä Empfängnis*
25. Dezember: *Weihnachten*
26. Dezember: *Fest des Heiligen Stephan*

ÖRTLICHE FESTE UND VERANSTALTUNGEN

Januar

Capoliveri: *17. 1.* ★ Zu Ehren des Heiligen Antonio werden auf dem Marktplatz von Capoliveri die Pferde aus der Gegend gesegnet. Anschließend ziehen die festlich geschmückten Tiere durch die Straßen des Ortes

Februar

Porto Azzurro: ★ *Faschingssonntag* Am So vor Aschermittwoch gibt es in den Straßen von Porto Azzurro einen Karneval, bei dem Pferdegespanne durch die Straßen ziehen

März/April

Marciana Alta: *Ostermontag* Wallfahrt zum Reliquienschrein der Madonna del Monte

April

Portoferraio: *29. 4.* Fest des Ortsheiligen *San Cristino*

Mai

Portoferraio: *1. 5.* ★ Am *Maifeiertag* findet in den Straßen von Portoferraio zum Andenken an Napoleon Bonaparte ein traditioneller Umzug in zeitgemäßen Kostümen statt
Marciana Alta: *1.–3. 5.* Kleine Wallfahrt zu Ehren der *Madonna del Monte*

Juni

Campo: *29. 6.* Fest des Ortsheiligen *San Piero*

Juli

Rio nell'Elba: *15. 7.* Fest zu Ehren der Ortsheiligen *San Giacomo* und *San Quirico*
Porto Azzurro: *24. 7.* Fest zu Ehren des Ortsheiligen *San Giacomo*

August
Campo: *7.8.* Fest zu Ehren des Ortsheiligen *San Gaetano* (einen Tag später auch in Marina die Campo)
Marciana Marina: *12.8.* Fest zu Ehren der Ortsheiligen *Santa Chiara*
Capoliveri: *15.8.* ★ Große Wallfahrt zur Madonna del Monte. Es findet die schönste Prozession der Insel zu Mariä Himmelfahrt statt.
Rio Marina: *16.8.* Fest zu Ehren des Ortsheiligen *San Rocco*
Portoferraio: Die Bruderschaft Misericordia zieht vormittags in ihrer traditionellen Prozession zur Kirche San Rocco

September
Porto Azzurro: *8.9.* Der Ort feiert den Geburtstag seiner Ortsheiligen, der *Jungfrau Maria*
Madonna di Montserrato: *8.–15.9.* tgl. Wallfahrten zu Ehren der *Mutter Gottes*

November
Marciana Alta: *25.11.* Fest zu Ehren der Ortsheiligen *Santa Caterina*

Dezember
Capoliveri: *8.12.* Größtes Fest Elbas zur unbefleckten Empfängnis der Jungfrau Maria

Oben in den Hügeln feiert Rio nell'Elba im Juli seine Ortsheiligen

Das Tor zu Elba ist eine Festung

Wie aus dem einstigen Eisenhafen Portoferraio die lebendige Metropole des Toskanischen Archipels wurde

Eigentlich müßte man Portoferraio in unserer Zeit umtaufen: in Portoarrivo. Denn die Übersetzung des neuen Wortes aus dem Italienischen, nämlich Ankunftshafen, paßt besser als die des historischen: Eisenhafen. Wo schon bei den Etruskern vor Christi Geburt und noch bis zum Anfang dieses Jahrhunderts Eisenerz und Eisengut, eher für Schwerter denn Pflugscharen, verschifft worden war, werden heute Menschen umgeschlagen: Reisende aus allen Regionen Europas, hauptsächlich Deutsche, Franzosen und im August zu Ferragosto die Italiener vom Festland, kommen via Portoferraio auf ihre Ferieninsel Elba. Wie überdimensionale Walfische ihr Maul klappen die Fährschiffe ihr Heck auf und spucken Urlauberautos auf den großen Anleger Ponte Massimo im modernen Fährhafen vor der quirligen Neustadt.

In der Bucht der Inselhauptstadt Portoferraio

Hotel- und Restaurantpreise

Hotels

Die Preise gelten, wenn nicht anders angegeben, für ein Doppelzimmer ohne Frühstück *(piccola collazione)*. eine Empfehlung: Nehmen Sie Ihr Frühstück in einer Bar auf dem Weg zum Strand ein; Sie sparen mit Sicherheit ein paar Tausend Lire.

Kategorie 1: über	180 000 Lit.
Kategorie 2: über	120 000 Lit.
Kategorie 3: über	80 000 Lit.
Kategorie 4: bis	80 000 Lit.

Restaurants

Auf einer Ferieninsel wie Elba ist die Einschätzung der Restaurants nach Kategorien deutlich schwieriger als etwa in Großstädten. Zum besseren Überblick haben wir Kategorien nach dem Preis für den Hauptgang *(secondo piatto)* aufgestellt.

Kategorie 1: über	25 000 Lit.
Kategorie 2: über	15 000 Lit.
Kategorie 3: über	9000 Lit.
Kategorie 4: bis	9000 Lit.

Was bei manchem Reisenden einen ersten Stich ins Herz bedeutet, vielleicht Wehmut und einen Hauch von Melancholie aufkommen läßt, wie es einem dann später auf der Insel noch öfter begegnen kann. Der Grund: Beim Landemanöver mußte die Fähre den historischen Hafen Darsena vor der imposanten Altstadt rechts liegen lassen. Die Geschichte ist tot!

Es lebe die Geschichte! Denn historisch ist der Platz, auf dem das heutige Portoferraio liegt, allemal. Nicht nur die bereits erwähnten etruskischen Schiffe lagen in der schützenden Bucht des späteren Darsena-Hafens. Auch die alten Griechen gründeten hier eine erste Siedlung. Sie trug den Namen Argoos. Zum ersten Mal wichtiges Handelszentrum wurde der Ort allerdings erst, als die Römer folgten. Sie bauten die Siedlung an der Bucht aus und nannten sie Fabricia nach dem lateinischen Wort *fabrica* für Schmiede. Sie stellten sich damit in die griechische Nachfolge. Schon die Griechen hatten mit ihrem Wort für die ganze Insel auf die Tradition des Eisenschmelzens und -verarbeitens verwiesen: Sie nannten Elba Aethalia nach ihrem Begriff *aithalos,* was soviel bedeutet wie »die Funkensprühende«.

Kein Römer, sondern ein Florentiner war es dann, der ab der Mitte des 16. Jhs. das heutige Portoferraio zu einem befestigten Hafen mit wehrhaften Burgen für den Kampf gegen die Piraten des Mittelmeers ausbauen ließ: Cosimo I. von Medici. Auf den ersten Plänen des Architekten Bellucci baute sein Nachfolger Camerini auf und schuf, da sind sich die Fachleute bis heute einig, ein Musterstück von Militärarchitektur des 16. Jahrhunderts.

MARCO POLO TIPS FÜR PORTOFERRAIO

1. **Chiesa della Misericordia**
   Jährlich eine Seelenmesse für den verbannten Napoleon (Seite 45)
2. **Galeazze**
   Wo der Fischer Fritz nach Fisch und Frische durftet (Seite 42)
3. **Forte Falcone**
   Ein böhmisches Leuchtfeuer für umherirrende Seefahrer (Seiten 41, 44)
4. **Forte Stella**
   Ein lauernder Falke und eine herrliche Aussicht (Seiten 41, 45)
5. **Palazzo dei Mulini**
   Einmal in Napoleon Bonapartes Schlafzimmer schauen (Seiten 41, 43)
6. **Ristorante da Panino**
   Schwelgereien am offenen Holzfeuer-Ofen (Seite 47)
7. **Thermen**
   Eine Schlammpackung gegen hartnäckigen Juckreiz (Seite 46)
8. **Toskanisches Archipel**
   Das Abenteuer mit dem Grafen von Montecristo (Seiten 52–55)

Wohnen wie ein Kaiser: die Villa del Mulini war Wohnsitz Napoleons

Der Altstadtkern mit den beiden Festungen ★ Forte Stella und ★ Forte Falcone, mit Türmen und Toren, wie sie schon die Augen Cosimos sahen, ist bis heute sichtbar und hat schon immer Besucher zu Hymnen hingerissen. So schrieb der deutsche Historiker und Reiseschriftsteller Ferdinand Gregorovius 1852 in seinen »Wanderjahren in Italien« über Portoferraio: »Ich betrat die Stadt mit dem Gefühl, in eine historische Idylle einzutreten. Die großen und ernsten Linien des schönen Golfs haben etwas Feierliches von majestätischer Ruhe, die Stadt auf der Halbinsel, so graziös, so lieblich und so klein, hat alles von ländlicher Einsamkeit und weltabgeschiedenem Wohlbehagen. Die Straßen sind zusammengedrängt, doch überschaulich; die kleinen Plätze und grünen Orangengärten, die sich frei und luftig den Berg hinaufziehen, laden zum Bleiben ein. Die ganze Stadt schimmert in einer hellen gelben Grundfarbe, welche zu dem frischen Grün der Bäume und dem tiefen Blau des Meeres heiter stimmt. Ein herrlicher Aufenthalt für entthronte Könige, ihre Memoiren zu schreiben! ... Zu ihren Füßen liegt der Hafen, ein sicherer und schöner Zirkel, mit guten Kais eingefaßt, ein Werk des Cosmus von Medici ... Alles hat jener glückliche Cosmus hier erbaut, Tempel, Mauern, Häuser, Burgen und Hafen – und Napoleon nichts übriggelassen als die Luftschlösser seines erneuten Kaiserreichs.«

Gregorovius' Spott traf den bis heute prominentesten Besucher Portoferraios: Napoleon Bonaparte, der zwischen dem 4. Mai 1814 und dem 26. Februar 1815 nach Elba verbannt war. Der kleine Kaiser richtete sich – neben seinem Landsitz Villa Napoleonica am Wege nach Procchio – mitten in der Altstadt, im ★ Palazzo dei Mulini häuslich ein. Besonders der an den Palast angrenzende Belvedere-Garten mit seinen Zitronenbäumen, den Palmen, Myrten und Aloen hatte es Bonaparte angetan. Noch einmal der spöttische Gregorovius: »Und so mag man ihn hier in seinem kleinen Kanonengarten umherwandelnd denken, stillstehend an einer Haubitze, brütend, Entschlüsse abwägend, auf das

Meer spähend, wo die Küste Italiens dem Blick greifbar ist, und hinüberforschend nach dem Kontinent, dem Schauplatz seines Ruhms, welcher ihm seine Tatenlosigkeit und seine Seele beständig anstachelt: Cäsar, du schläfst!«

Um es überspitzt zu formulieren, Napoleon mußte seinen Tatendrang auf der Insel darauf beschränken, daß er Straßen anlegen und Bäume anpflanzen ließ, weil eben jener mächtige toskanische Vorbesitzer, Cosimo von Medici, schon alles wesentliche hatte erbauen lassen. Aus jener Zeit ist auch ein Name für Portoferraio überliefert, der sich nicht durchsetzen konnte: Cosmopoli. Ob diese Bezeichnung für die Hafenstadt tatsächlich auf den Medici-Fürsten zurückgeht, darüber streiten sich die Gelehrten. In mehreren Schriften wies etwa der elbanische Professor Giuseppe Battaglini darauf hin, daß man sich diesem Begriff auch über das griechische Wort *kosmos* für Ordnung und Vernunft nähern könnte. »Die Wertigkeit des griechischen Namens schließt aber nicht den lateinischen Namen ›Cosimus‹ ein«, schreibt das deutsche Forscherpaar Almut und Frank Rother, das mehrere fundierte Bücher über Elba veröffentlicht hat, »somit finden wir hier die glückliche Koexistenz von zwei Wörtern mit zwei Bedeutungen, also ›Stadt des Cosimo‹«. Wie auch immer: Der Name hat nicht gehalten.

Heute ist Portoferraio mit nicht ganz 12 000 Einwohnern die Hauptstadt der Insel Elba und des Toskanischen Archipels und damit auch Sitz des der Präfektur von Livorno unterstehenden Unterpräfekten. Amtsgericht, Hafenamt, Stadtverwaltung und Zollamt unterstreichen die Bedeutung eines Städtchens, das den Elba-Urlaubern, auch wenn sie nur zum Sonnenbaden und Sporttreiben, zum Mineraliensammeln und Wandern gekommen sind, mindestens einen Besuchstag während der Ferien wert sein sollte. Denn es gibt einiges zu sehen in dem Fährhafen, durch den viele nach ihrer Ankunft nur durchrauschen. (D 3).

BESICHTIGUNGEN

Caerma del Comte de Laugier

Der Konvent aus dem 16. Jh. mit einer kleinen Kirche im Inneren heißt Kaserne des Comte de Laugier, weil dort im 18. Jh. Soldaten untergebracht waren. In dem renovierten Gebäude hat heute die Kulturbehörde ein historisches Archiv mit Bibliothek eingerichtet. Vom großen gepflasterten Vorplatz hat man einen schönen Ausblick auf die Unterstadt. *Salita Napoleone*

Galeazze

★ Im ehemaligen Marinearsenal, das den Medici als Stapelhaus für die Schiffe ihrer Handelsflotte diente, quirlt heute das Leben. Werktags am Vormittag bieten hier die Fischer von Elba ihren Fang an. In der sehenswerten Halle mit ihren mächtigen Marmorbänken werden aber auch Obst und Gemüse, Fleisch und Geflügel, Brot und Käse verkauft. *Via delle Galeazze*

Municipio

Der Gemeindepalast *(palazzo municipale)* beherbergt im dritten

Stock die Gemeindebibliothek Foresiana, die man nach Absprache besuchen kann. Sie trägt ihren Namen nach Elbas großem Humanisten und Sprachwissenschaftler Mario Foresi, der seiner Heimatstadt die rund 27 000 Bände seiner Privatbücherei vermachte. Sehenswert im Innenhof ist ein im 2. Jh. v. Chr. bei Seccheto errichteter römischer Opferaltar, in dessen Granit der Name seines Stifters, des unter Kaiser Hadrian eingesetzten Präfekten Publius Acilius Attianus, und das Flachrelief der Keule des Herkules eingemeißelt sind. Dort findet man neben etlichen Ehrentafeln auch den Hinweis, daß der französische Schriftsteller Victor Hugo genau hier als Kind spielte, weil sein Vater als Major und Gouverneur nach der Eroberung der Insel in vornapoleonischer Zeit hierher entsandt worden war. *Via Garibaldi, Bibliothek: Mo–Fr 10–12, Mo, Mi u. Fr auch 15–19 Uhr, Tel. 93 71 11*

Palazzina Napoleonica

★ Auf diesen Namen haben sich die Italiener jetzt für Napoleon Bonapartes einstigen Stadtpalast geeinigt, der auch *Villa dei Mulini* (Mühlenvilla) genannt wird. Napoleon hatte den Palast als Residenz während seiner Verbannung schon vom Schiff aus erwählt. Von der eher bescheidenen Eingangshalle geht nach rechts die Galeria ab mit der Skulptur »Napoleon auf dem Pferd« und einer Kopie von Jacques Louis Davids bekanntem Gemälde »Napoleon auf dem Pferd, beim Überqueren der Alpen am St. Bernhard«. Es folgen das *Gabinetto dell'Imperatore* (Salon des Kaisers). Außerdem sehenswert: der große Saal im 1. Stock, in dem Napoleons Schwester Pauline Borghese festliche Gesellschaften gab, die Bonaparte immer wieder zu konspirativen Treffen mit ihm treu gesinnten Berichterstattern vom Festland nutzte. Auffällig ist die Deckenmalerei; und es gibt Büsten von Pauline und Napoleon. Bei seiner Abreise vermachte Napoleon den Stadtpalast der Verwaltung mit der Auflage, ein Museum darin unterzubringen. *Mo, Mi–Sa 9–13.30 Uhr, So und feiertags 9 bis 12.30 Uhr, Di geschlossen, Eintritt 6000 Lit. (gilt auch für Villa Napoleonica San Martine), Via dei Mulini, Tel. 91 58 46*

Piazza Cavour

Gleich hinter dem Stadttor liegt der langgestreckte quirlige Hauptplatz der Altstadt. Es gibt Bars, Restaurants und Zeitungskioske, die auch internationale Presse führen. Außerdem sind hier die wichtigsten Banken mit Wechselschaltern *(cambio)* vertreten.

Porta a Mare

Ursprünglich gab es nur diesen einen Eingang zur Altstadt und zu den Festungen hinauf, was die Sicherheit der Menschen von Portoferraio vor Piratenüberfällen sehr erhöhte. In neuerer Zeit hat man aus Gründen des Zulieferer- und Anwohnerverkehrs einen weiteren Zugang in die Stadtmauer gebrochen. Er befindet sich zwischen *Calata Buccari und Via Porta Nuova.*

Stadtführungen

Regelmäßige Stadtführungen gibt es nicht. Man kann sich aber auch als Einzeltourist den vorgesehenen Gruppenführungen anschließen. Auskunft gibt das Fremdenverkehrsamt im Hochhaus direkt am Fähranleger Pontile Massimo. Besuchern der Altstadt, die mit dem Auto aus ihrem Urlaubsort kommen, muß empfohlen werden, ihren Wagen auf einem der Parkplätze in der Nähe des neuen Hafens zu lassen, da es innerhalb der alten Stadtmauern nur wenig Abstellmöglichkeiten gibt. Das hat einen Nebenvorteil: Sie müssen Ihren Altstadtrundgang mit einem Spaziergang am Kai des Hafenbeckens Dersana beginnen, das im Sommer stets einer großen Flotte kleiner und hübscher Segel-Jachten Schutz bietet. An der Molo Mediceo, an der einst die Galeeren der florentinischen Medici festmachten, finden Sie dann die Porta a Mare, durch die es hinauf in die Altstadt geht.

Teatro dei Vigilanti

Seit Jahren restauriert man dieses geschichtsträchtige Gebäude, das 1616 als Karmeliterkirche *Chiesa del Carmine* geweiht worden war, aber schon zu Napoleons Zeit nur noch als Lager für Notrationen diente. Napoleon ließ es für seine multikulturell interessierte Schwester zu einem Theater umbauen. Die Schlitzohrigkeit des Verbannten ging soweit, daß er den Umbau von reichen Kaufleuten finanzieren ließ. Sie konnten sich Ehrenlogen mit Blickkontakt zur Kaiserloge kaufen. Wer eine Loge bekam, strahlte vor Glück. Deshalb nannte man das Haus zunächst *Teatro dei Fortunati* (Theater der Glücklichen). Aktuelle Gastspiele finden während der Sommermonate im Amphitheater della Linguella statt. *Via del Carmine*

FESTUNGEN

Forte Falcone

★ Der elbanische Humanist Mario Foresi verglich die fast 80 m über dem Meeresspiegel aufragende Festung mit einem »Falken auf der Lauer«. Leider kann man sie nicht besichtigen, da sie heute als Unterkunft für die Marine dient. Man darf aber vom Hafen aus über die Gänge der Wehrmauern, die nach 400

Die Festung Forte Stella diente dem Schutz des Hafens von Portoferraio

Jahren immer noch äußerst wehrhaft wirken, streifen. Dazu – und das ist den Stern wert – hat man den schönsten Ausblick auf Stadt und Umland. *Via del Falcone*

Forte Stella

★ ☉ Ihren Namen trägt die Festung nach dem fünfzackigen Sternen-Grundriß, den ihr der Architekt Camerini gab. Obwohl sie nur 48 m über dem Meeresspiegel liegt, ist es auch hier der betörende Ausblick, der bei guter Sicht einen Aufstieg lohnt. Werfen Sie auch einen Blick auf den schönen Leuchtturm an der Nordostecke der Festung, den Leopold I., Erzherzog von Österreich und Großherzog der Toskana, im Jahre 1789 erbauen ließ – auf das, wie es in der lateinischen Inschrift heißt, »Heil der nach Portoferraio strebenden Seefahrer bedacht«, und: »um den Hafen während der Nacht erkenntlich zu machen«. In den Gebäuden innerhalb der Festung, in denen zu Napoleons Zeiten Soldaten untergebracht waren, sind heute Wohnungen an Privatpersonen vermietet. *Via della Stella*

KIRCHEN

Chiesa della Misericordia

★ Die Kirche der »ehrwürdigen Barmherzigkeit« ist ein weiterer Hort der anderswo in Europa nicht immer verstandenen Verehrung für Napoleon Bonaparte. Das Gotteshaus, in dem seit 1677 die Gebeine des Märtyrers Christinus aufgebahrt sind, hat gleich hinter dem Haupteingangstor einen abgeschlossenen Raum mit Erinnerungsstücken an den Verbannten. Der russische Fürst Demidoff, Ehemann einer Nichte Napoleons, stiftete unter anderem einen Abguß der Totenmaske, die Napoleon auf St. Helena von dem Arzt Antonmarchi abgenommen worden war, eine Replik des im Invalidendom von Paris ausgestellten Sarkophags und eine Nachbildung der ebenfalls in Paris im Musée de l'Armée befindlichen Bronzehand Napoleons. Des Fürsten einzige Bedingung für die großzügige Schenkung: Einmal im Jahr, am 5. Mai, dem Todestag Napoleons, muß eine Seelenmesse gehalten werden. Das passiert dann auch jedes Jahr aufs neue. *9–12.30 und 16–18 Uhr, Mi und So nachmittags geschl., Eintritt: 1000 Lit. Via Fernandini*

Chiesa del S.S.Sacramento

Die Renaissance-Kirche aus der Zeit der Medici, die im Zweiten Weltkrieg starke Beschädigungen erfuhr, konnte restauriert werden. Eindrucksvoll im Inneren sind der marmorne Hochaltar und das Deckengemälde, das Giovanni Camillo Sacrestani im 17. Jh. schuf. *Via Garibaldi*

Pfarrkirche D.O.M.

Noch einmal Napoleon: Hier hielt man zu seiner Ankunft am 4. Mai 1814 ein feierliches Tedeum ab, an dem er kniend teilnahm. Ganz hübsch ist die florentinische Fassade aus dem 18. Jh. *Piazza della Repubblica*

MUSEEN

Giardini die Forte Falcone e Forte Stella

Die Gärten der beiden Festungen, die in den Monaten Juni, Juli und August besonders schön

Der Torre della Linguella heißt im Volksmund Torre del Martello: Hammerturm

sind, dürfen nur Einheimische und Kinder bis zu 13 Jahren kostenlos besuchen. *Tgl. 9.30–17.30, Eintritt: 2000 Lit.*

Museo Civico Archeologico
Das in einem ehemaligen Salzlager untergebrachte archäologische Museum von Elba gibt didaktisch klug über die wechselvolle Frühgeschichte der Inseln im toskanischen Archipel Auskunft. *Tgl. außer an Sonn- und Feiertagen 9.30–12.30 und 16 bis 19 Uhr. Eintritt: 4000 Lit. Piazzale della Linguella, Tel. 91 73 38*

Pinacoteca
Die Gemäldegalerie in der Nähe des Kultur- und Kongreßzentrums Lauger ist nicht sonderlich aufregend. *Geöffnet tgl. außer So 9.30–12.30 Uhr. Scalinata Napoleonica, Tel. 93 02 33*

THERMEN

★ Am Stadtrand von Portoferraio befinden sich die einzigen Thermalquellen von Elba. Ein mit Eisen und Schwefel angereicherter Lagunenschlamm wird in Salzwasserwannen abgelagert und dann zu Heilzwecken benutzt. Es sind Kuren und Bäder gegen Arthrose, Akne, Schuppenflechte und Zellulitis, Inhalationen bei Bronchitis, Nebenhöhlenentzündungen und Nasenentzündungen möglich. *20. April–31. Okt.: Sprech- und Behandlungszeiten: tgl. 9–12 und 16.30–18.30 Uhr, Terme die San Giovanni, 57037 Portoferraio, Tel. 05 65/91 46 80*

TÜRME

Torre del Gallo
Der kleinere der beiden Wachtürme ist 6,5 m hoch. Man baute das Gemäuer aus dem Jahre 1733 nach seiner Zerstörung 1934 wieder auf. *Piazzale della Linguella*

Torre della Linguella
Cosimo von Medici ließ den achteckigen, 5 m hohen Turm quasi als zusätzlichen festungsartigen Schutz für die Altstadt 1548 errichten. 1757 ließ Franz I. von Lothringen ihn zu einem Gefängnis ausbauen, in dem der

Attentäter, der versucht hatte, König Umberto I. von Italien zu töten, einen Teil seiner Strafe verbüßte. Nach seinem Namen nennt man ihn deshalb auch Torre di Passanante. Wegen seiner klobigen Ansicht heißt er im Volksmund auch *Torre del Martello:* Hammerturm. Der im Zweiten Weltkrieg stark beschädigte Turm konnte restauriert werden. *Piazzale della Linguella*

RESTAURANTS

Ein Tip vorweg: Je näher Sie sich am Fährhafen zu Trinken und Essen niederlassen, desto teurer wird es für Sie. Denn hier, wo die auf die Fährschiffe wartenden Reisenden tote Zeit überbrücken müssen, hofft man auf die schnelle Lira und glaubt an die Vergeßlichkeit der Menschen, die sich über den Tisch haben ziehen lassen. Ganz zu schweigen von der Qualität der Schnellabfütterungen. Nur ein paar Schritte vom neuen Hafen entfernt, können Sie auch in ganz kleinen Trattorien so manche Entdeckung machen. Es lohnt sich, sich dort an den Tisch zu setzen, wo auch die Elbaner hocken.

Al Solito Posto

In diesem kleinen Restaurant mit versteckten Tischen sollten Sie *gnocchi in salsa di mare* (Gnocchi in Meeresfrüchtesauce) probieren. *Tgl. abends, 16. Sept.–14. Juni So geschl., Via Carducci 132, Tel. 91 62 38, Kategorie 1–2*

La Barca

Hausgemachte Pasta- und Fischgerichte bietet die sympathische Trattoria in unmittelbarer Nähe des alten Hafens. *Tgl. (außer Mi) mittags und abends. Via Guerrazzi 60/62, Tel. 91 80 36, Kategorie 2–3*

La Ferrigna

Das heißt »die Eiserne«. Und eisern bietet man *cucina casalinga,* d. h. bodenständige Elba-Küche, auf hohem Niveau. Besonders gut sind die Meeresspezialitäten. Und das Restaurant liegt mitten in der Altstadt. Noch ein Plus: Es gibt den ElbaCard-Rabatt. *Tgl. mittags und abends, 11. Jan. bis Ende Febr., 11.–30. Nov. und Di außerhalb der Saison geschl. Piazza della Republica 22, Tel. 91 41 29, Kategorie 2*

La Rada

Über dem Strand von San Giovanni liegt diese Pizzeria mit einem prächtigen Blick auf Portoferraio, in der auch die Meeresfrüchte gut gelingen. *Tgl. ab mittags. San Giovanni, Tel. 91 56 52, Kategorie 3*

Osteria Libertaria

Die gute alte Libertaria gibt es leider nicht mehr, aber die Pizzen werden in dieser Schänke immer noch wie bei Muttern gemacht. *Tgl. mittags bis in die Nacht. Calata Matteotti, 12, kein Telefon, Kategorie 3–4*

Ristorante da Panino

★ Das von Inhaber Silvano Gentili (genannt: Panino) familiär geführte Restaurant hat nur 30 Plätze. Deshalb ist eine Tischbestellung während der Saison unbedingt erforderlich. In der Nähe eines bei kaltem Wetter holzbeheizten Ofens kann man mit viel Feingefühl bereitete Fischgerichte wie etwa *acciughe fatte cos* (Sardellen nach Art des Hauses) oder *cozze ripiene* (gefüllte Miesmuscheln) essen. Nach der Hauptspeise werden ein großartiger Pecorino-Käse eines Schäfers aus Marina di Campo und das verführerische alkoholgetränkte Hefegebäck *schiaccia ubriaca con sciacquetto* serviert. Noch ein Tip: Nehmen Sie Wein von der Insel; er ist gepflegt und nicht so teuer. *Tgl. außer Mi abends, Feb. geschl., Bivio Boni, Via Carpani 163, Tel. 91 61 47, Kategorie 1*

EINKAUFEN

Eines ist klar: Nach Elba und Portoferraio fährt man nicht des Einkaufens wegen. Die Preise in den Boutiquen haben italienisches Großstadtniveau, übersteigen es manchmal sogar, weil die Insellage in einigen Bereichen ein kaufmännisches Monopolverhalten geradezu herausfordert. Die Hauptgeschäftsstraße, in deren Seitengassen es ebenfalls viele Läden gibt, ist die *Via Giosué Carducci,* die durch den neuen Teil Portoferraios führt. Auch wenn Sie nicht zum großen Einkaufsbummel aufbrechen wollen, haben wir ein paar Tips für Sie. Es kann ja sein, daß Sie das eine oder andere im Reisegepäck vergessen haben.

Bicecci
Das Elektronikgeschäft hält eine Auswahl von Musikcassetten und Compact Discs vorrätig. *Piazza Hutré 3–8*

Casa della Bomboniera
Süßigkeiten satt! *Piazza Cavour 39*

Casa del Pescatore
Hier bekommen Sie alles, was Sie brauchen, wenn Sie Angeln und Fischen gehen wollen. *Via Carducci 148*

Conny Lingerie
Feine Dessous und Wäsche auch von großen Designern wie Laura Biagiotti und Oleg Cassini. *Via Manganaro 92*

extra large
Alles unter einem Dach: Boutiquenmode für Damen, Herren und Kinder. *Calata Mazzini 22*

Ga-Ti
Magisches Spielzeug, dessen Gebrauch einem auch vorgeführt wird. *Calata Mazzini 31*

Quirliges Leben auf dem Markt von Portoferraio

Il Boomerang
Feine Lederwaren, auch Gürtel. *Via V. Emanuele II*

Il Tresoro
Wer nicht in die Gegend der Minen von Rio Marina kommt, findet hier auch Mineralien-Andenken und andere Souvenirs. *Viale Elba 6*

Waikiki
Kleidung und Zubehör für Surfer. *Via Mascagni 5*

HOTELS

Die wenigsten Reisenden, die nach Elba kommen, wohnen direkt in Portoferraio. Trotzdem gibt es selbstverständlich ein paar ordentliche Hotels – und sei es für die eine oder andere Nacht, die man vielleicht warten muß, bis man von der Zimmervermittlung eine Unterkunft am gewünschten Strand zugewiesen bekommen hat.

Acquaviva Park Hotel
Das Ferienhotel am Acquavivastrand hat nur vom 16. April bis 11. Okt. geöffnet. In der Zeit zwischen dem 15. Juni und dem 31. Aug. werden sogar nur längerfristige Vorausbuchungen entgegengenommen. Guter Komfort. *39 Zi. 4 km westlich von Portoferraio. Locanda Acquaviva, Tel. 91 53 92, Kategorie 2–3*

Airone
Das ruhig gelegene Kettenhotel bietet den angenehmen Luxuskomfort moderner Häuser. 36 Badezimmer sind sogar mit einer zusätzlichen Thermal-Badewanne ausgestattet, die aus der nahen Heilquelle gespeist wird. Es gibt Fernseher mit dem Empfang deutscher Satellitenprogramme auf dem Zimmer. Das Frühstück ist im Preis inbegriffen. *85 Zi. 3 km südlich von Portoferraio. Locanda San Giovanni, Tel. 91 74 47, Kategorie 1*

Crystal
Hochklassiges Stadthotel ohne Restaurant. Im Nov. geschlossen *15 Zi. Via Cairoli, Tel. 91 79 71, Kategorie 1*

Massimo
Nur für den Notfall: Das Haus liegt direkt am Hafen in der Nähe des Fremdenverkehrsamtes. *69 Zi. Calata Italia 23, Tel. 91 47 66–7, Kategorie 3–4*

Nuova Padulella
Bescheidenes, aber gepflegtes Haus, das in der Nähe eines schönen Strandes liegt. *40 Zimmer. 1 km westlich von Portoferraio. Locanda Padulella, Viale Einaudi 1, Tel. 91 55 06 und 91 47 42, Kategorie 3*

SPIEL UND SPORT

Naturgemäß hat die Metropole einer Urlaubsregion andere Aufgaben, als Sport- und Spielmöglichkeiten anzubieten. Sie finden sich in reichlicher Zahl in den eigentlichen Ferienzentren. Trotzdem gibt es selbstverständlich zu einigen Stichworten auch Tips für Portoferraio.

Fahrradfahren
In Portoferraio gibt es vier Verleihstationen für Fahrräder und Mountainbikes, bei denen man übrigens auch Motorroller und Vespas mieten kann, die auf der Insel sehr beliebt sind: *Brandi, Via Manganaro 11, BW'S Racing, Via*

Mangaro 98, Rent Ghiaie, Via Cairoli 25/26, Stefano Chiappi, Calata Italia 30

Golf
Der einzige Golf-Club der Insel (mit neun Löchern), auf dem auch Nicht-Mitglieder mit internationaler Platzreife spielen dürfen, liegt an der Ausfallstraße von Portoferraio nach Porto Azzurro. Schläger und Bälle kann man mieten. *Elba Golf Club dell'Acquabona, Tel. 94 00 66.*

Motorbootfahren
Während es Tret-, Ruder- und Segelboote an vielen Stränden rund um Elba zu mieten gibt, kann man Motorboote, besonders wenn sie größer sein sollen, nur vereinzelt bei ihren Besitzern chartern. Ein zentraler Verleih befindet sich in Portoferraio. Er heißt »Elba«. *Cantiere »L'Approdo«, Viale Teseo Tesei, Tel. 91 87 97 oder Funktelefon 03 37/ 71 57 78*

Reiten
In einem Vorort von Portoferraio gibt es einen großen Reitstall, in dem man Pferde mieten und Reitstunden nehmen kann: »Fattoria il Fortine des Buraccio«, *Locanda Buraccio: Tel. 94 02 45*

Tennis
Neben einigen Tennismöglichkeiten in Hotels gibt es am Stadtrand den Tennis Club Isola D'Elba. Die Plätze sind beleuchtet. Es gibt eine Bar. *Tgl. 7 bis 24 Uhr, Locanda San Giovanni, Tel. 91 53 66*

STRÄNDE

Spiaggia dell'Acquaviva
Vier km westlich von Portoferraio liegt der selten überfüllte Kiesstrand.

Spiaggia di Capo Bianco
Der sehr empfehlenswerte Kiesstrand liegt nicht einmal zwei km westlich von Portoferraio hinter der Landzunge Capo Bianco. Unter Wasser erstreckt sich von hier in Richtung Portoferraio bis zum nächstgelegenen Strand Le Ghiaie ein untermeerisches Naturreservat, das man schnorchelnd entdecken kann. Wegen der Einzigartigkeit der Unterwasserfauna und -flora ist dieser Küstenabschnitt der einzige, an dem man nicht Fischen und

Das Ecoland-Projekt
Umfangreiche Entwürfe des Planungsbüros »Studio Ecoland« im toskanischen Florenz zur Restaurierung der Altstadt von Portoferraio spalten die Bürger von Elbas Hauptstadt in zwei Lager. Die einen würdigen die Sorgfalt, mit der die Festungsanlagen, der Rundweg auf den Stadtmauern, die Markthalle, das Grigolo-Gebäude und das Stadttor Porta a Mare hergerichtet werden sollen. Die anderen sehen die Ursprünglichkeit ihrer Stadt gefährdet, wenn gleichzeitig aus touristischen Überlegungen heraus ein Elektrozug, der die Sehenswürdigkeiten abfährt, eine Rolltreppe in den oberen Stadtteil und ein unterirdisches Parkhaus vorgesehen sind.

Angeln darf. Sonst ist auch die Unterwasserjagd auf Fische überall erlaubt, allerdings nur ohne Tauchflaschen und mit der Vorgabe, daß man nicht mehr als 5 kg Fisch und Schalentiere pro Person aus dem Meer holt.

Spiaggia Le Ghiaie

Der Kiesstrand liegt noch näher an Portoferraio und markiert das andere Ende des Unterwasserreservats.

Spiaggia di San Giovanni

Den Hausstrand der Bewohner von Portoferraio erreichen Sie, wenn Sie in Richtung Süden durch das Industriegebiet und die Salinen zum Vorort San Giovanni fahren. Das sagt eigentlich alles. Stadt und Industrie sind noch zu nahe.

AM ABEND

Das Nachtleben verteilt sich über die ganze Insel. An vielen Stränden gibt es Diskotheken, die entweder von den Hotels oder von einzelnen Pizzeriabesitzern für die Besucher betrieben werden. An den abendlichen Treffpunkten in Portoferraio hat man dagegen eher das Glück, einheimische junge Leute und weniger internationale Touristen zu treffen. Eingeläutet wird die Nacht von vielen bei einem Drink und einem kleinen Plausch in einem der Cafés an der Piazza Cavour.

Caffè Roma

Die beliebte Pasticceria, die für ihr hausgemachtes Eis bekannt ist, wird ab Mitte Juni für die Sommermonate bis Ende September zur Piano-Bar. Live-Musik gibt es jeden Abend von 21 bis 24 Uhr. *Calata Mazzini, Tel. 91 42 78*

Il Rifrullo

Am Ortsausgang Portoferraios gibt es jeden Abend zwischen 22 und 2 Uhr Livemusik von wechselnden Künstlern. Die Bandbreite ist sehr groß, sie reicht vom Jazzpianisten bis zum Techno-Rapper, deshalb sollte man sich vorher erkundigen. *Locanda Carpani 113, Tel. 91 46 13*

Il Torchio Enoteca

Mit dem frechen Motto »D. O. C. & Roll« serviert man ausgewiesen gute Weine glasweise zu richtig fetziger Musik aus den fünfziger und sechziger Jahren. Kein Teenie-Publikum! *Tgl. außer So ab 20 Uhr, Via dell'Amore 40*

Kino

Am Rande der Altstadt liegt das »Arci Hallò Cinema«, das während der Saison in der Regel dreimal in der Woche unterschiedliche Filme spielt. Spieltage sind normalerweise Montag, Mittwoch und Freitag. Geöffnet wird um 21.30 Uhr; der Film beginnt um 22 Uhr. Der Eintritt beträgt auf allen Plätzen 6000 Lit. *Piazzale della Linguella*

Mercatino Serale dell'Artiginato

Mitten im historischen Zentrum Portoferraios ist dieser abendliche Markt des Kunsthandwerks etwas besonderes. Auch touristisch zwar, trotzdem treffen sich ebenso die jungen Leute Elbas zwischen dem reichen Angebot an Kunsthandwerklichem aus den Produkten der Insel. *In den Sommermonaten tgl. 20–24 Uhr, Via Mercato Vecchio*

TAXI

Der Haupttaxistand von Portoferraio ist gleich an der Mole, wo die Fährschiffe anlegen. Ein Taxi für eine Stunde zur freien Verfügung zu haben, kostet 50 000 Lit. Für Urlauber, die schneller als mit dem Bus zu ihren Ferienorten wollen, hier ein paar Durchschnittspreise für Fahrtrouten: nach Barbarossa (35 000 Lit.), Capoliveri (35 000), Cavo (65 000), Marciana Marina (40 000), Marina di Campo (35 000), Procchio (28 000), Rio Marina (45 000), Seccheto (45 000) und Zanca (55 000). Die Taxis in Portoferraio haben eine einheitliche Rufnummer: *Tel. 91 51 12*

AUSKUNFT

Azienda Autonoma die Soggiorno Cura e Tourismo dell'Isola d'Elba (AAST)
Calata Italia 26, Tel. 91 46 71-2, Mo–Fr 9.30–19, Sa/So 9.30 bis 12 Uhr

ZIELE IN DER UMGEBUNG

Der Einteilung auf der Übersichtskarte kann man entnehmen, daß die Umgebung von Portoferraio sehr eng gefaßt ist, da eigentlich alle Orte auf der Insel dazu gehören, weil sie leicht und schnell zu erreichen sind.

Elba gehört zum sogenannten Toskanischen Archipel. Die kleineren Inseln neben Elba sind zwar nicht alle vom Fährhafen Portoferraio aus zu erreichen. Trotzdem sollen sie an dieser Stelle zusammengefaßt werden. Zum einen aus Gründen der Übersichtlichkeit. Und zum anderen, weil man sich am besten an den Fahrkartenschaltern der beiden Fährgesellschaften, der staatlichen Toremar *(Tel. 91 80 80)* und der privaten Navarma *(Tel. 91 81 01)* im Hafen des Hauptortes über die Fährverbindungen informieren, eine Passage buchen und sogar Transfermöglichkeiten in andere Elba-Häfen bekommen kann.

Die regelmäßigen Schiffsverbindungen auf die kleineren Inseln sind: von Portoferraio nach Gorgona und Capraia; von Rio Marina und Porto Azzurro nach Pianosa; von der durch drei Dämme aus römischer, wenn nicht etruskischer Zeit, die fast so etwas wie schmale Landzungen geworden sind, mit dem Festland verbundenen Insel Monte Argentario nach Giglio. Ausflugsfahrten gibt es nach Capraia, Giannutri und Montecristo. Einen Besuch auf wenigstens einer der Inseln des ★ Toskanischen Archipels sollte man in jedem Fall in seinen Elba-Aufenthalt einbauen.

Capraia

Die »Insel der Ziegen«, wie sie seit Ankunft der Griechen (»Aegilon megas«) heißt, hat eine Küstenlänge von 27 km, die allerdings fast nur aus steilen Felsen vulkanischen Ursprungs besteht. In dem eher schlichten Ort Capraia Isola gibt es als Sehenswürdigkeit lediglich den Hafenturm aus dem Jahre 1516. Er sollte den natürlich dem Wind abgewandten Hafen vor Korsarenangriffen schützen. Im Norden der Insel, den Besucher nicht betreten dürfen, gibt es ein Lager für Strafgefangene. Da das Wasser rund um Capraia ein Unterwasserparadies birgt, hat sich ein bescheidener

Tourismus mit ein paar Gasthäusern, die den guten Wein der Insel ausschenken, mit Privatunterkünften und mit einem Hotel entwickelt: *Il Saracino, 15 Zimmer, Tel. 05 86/90 50 18, Kategorie 3*

Giannutri
Obwohl die Insel in Privatbesitz ist, sind während der Sommermonate Urlauberbesuche auf Giannutri erlaubt, das eine Küstenlänge von 11 km hat. Da die Insel auch felsig ist und weil im Wasser rund um sie herum immer wieder Schiffswracks aus römischer Zeit gefunden wurden, kommen viele Unterwassersportler. Für Kulturreisende: Es gibt Überreste wie korinthische Säulen, Baderäume, Mauerwerk und Mosaiken einer römischen Villa aus dem 1. Jh. n. Chr.

Giglio
Sie gilt als die schönste Insel des Archipels. Bei einer Küstenlänge von 28 km hat sie sogar einen richtigen Berg, den 498 m hohen Poggio della Pagana. Den Wagen muß der Reisende, wenn er nicht wie einige der vielen Italiener, die hier im Juli und Aug. gern Urlaub machen, über gute Beziehungen verfügt, im Fährhafen Porto Stefano auf Monte Argentario zurücklassen (es gibt Garagen!). Vom Fährhafen Giglio Porto mit seinen farbenfrohen Häusern und den vielen weißen Jachten, deren Kapitäne sich im Sommer um die nicht ausreichend vorhandenen Liegeplätze streiten, geht es per Bus oder Taxi weiter – entweder in den 407 m hoch gelegenen, 6 km entfernten Bergort Giglio Castello oder in den 8,5 km entfernten Badeort Campese. Die 1800 ständigen Inselbewohner leben vom Fischfang, vom Weinanbau – umgeben von blühender Macchia wächst ein schwerer Wein – und vom Fremdenverkehr. Am breiten Sandstrand von Campese darf man das Hotel *Campese (Tel. 05 64/80 40 03, 20 Zi., Kategorie 3)* und im alten Hafen von Giglio Porto das Restaurant *Da Meino (Tel. 80 92 28, 20 Zimmer, Kategorie 3)* empfehlen. Die Touristeninformation befindet sich ebenfalls im Hafen: *Via Umberto I 44, I-58013 Giglio Porto, Tel. 05 64/80 92 65*

Gorgona
Die kleinste der toskanischen Inseln hat eine Küstenlänge von 5,5 km und mit dem 225 m hohen Punta Gorgona ihre höchste Erhebung. Sie wird als Hochsicherheitsgefängnis geführt und darf deshalb nur mit Genehmigung des italienischen Justizministers besucht werden.

Pianosa
Strafgefangene, meist Jugendliche, und ihre Bewacher sind auch die einzigen Bewohner dieser Insel mit einer Küstenlänge von 26 km. Trotzdem gibt es eine Fährverbindung für geführte Besuche auf der mit Macchia bewachsenen Kalkinsel, die ein Hochplateau mit nur wenigen Zugängen zum Meer ist. Besonders individuell reisende Segler werden gewarnt, unangemeldet an Land zu gehen, da Pianosa scharf bewacht wird.

Monte Argentario
Durch die praktische Anbindung der festlandsnahen Insel (Küstenlänge: 59 km) über drei Dämme, von denen einer in Privatbesitz

ist, hat sich der Fremdenverkehr stark entwickelt. Auch gibt es in der die Insel überwuchernden Macchia viele versteckte Villen reicher Italiener, die hier ihren Zweitwohnsitz haben. Die drei wichtigsten Orte sind Orbetello, Port'Ercole und Porto Stefano. Das mitten auf dem mittleren Damm gelegene Orbetello hat einen alten Ortskern, in dem es einige gut besuchte Restaurants gibt. Allerdings leidet man hier mitten in der Lagune, die zwischen Festland und Insel liegt, besonders im Sommer häufig unter Moskitos, die manchmal sogar die ganze Insel plagen. Wohnen kann man im Hotel *Il Presidi (Via Mura die Levante 34, Tel. 05 64/ 86 76 01, 26 Zimmer, Kategorie 2–3)* und speisen im *La Posada (tgl. abends, Fr, Sa und So auch mittags; Locanda Terrarossa, Tel. 82 01 80).* Port'Ercole im Südosten der Insel ist der auch durch die Klatschspalten (wenn etwa die niederländische Königin in ihrer eigenen Villa residiert) bekannte Nobel- und Urlaubsort. In dem natürlichen Hafen dümpeln viele teure Segel-Jachten neben wenigen Fischerbooten, deren Besitzern man zu Unrecht unterstellt, daß sie sie nur noch aus touristisch-folkloristischen Gründen hier vertäut haben. Die Fischer fahren wirklich noch hinaus und werfen ihre Netze aus. Wer es sich leisten kann (und andere kommen ohnehin nur zum Gucken in den Ort) wohnt im Hotel *Il Pelicano,* einem verwunschenen Liebesnest mit eigenen Badebuchten *(unterhalb Strada Panoramic, Tel. 83 38 01, 32 Zimmer, Kategorie 1)* und speist im Restaurant *Tait* den edlen Fisch *(Tel. 83 40 32, Kategorie 1).* Den Eindruck eines kleinen Zentrums macht der Fährhafen Porto Stefano. Doch keine Angst, es bleibt genug Gemütlichkeit, so daß man auch hier wohnen kann, etwa im Hotel *Vittoria* mit Meerblick *(Strada del Sole 65, Tel. 81 85 80, 24 Zimmer, Kategorie 2).* Für die Verpflegung gibt es viele, zum Teil zauberhafte kleine Gasthäuser. Gehen Sie nicht den hochgeschraubten Empfehlungen der bezahlten Testesser, sondern lieber ihrer Nase nach. Wo es duftet und vielleicht noch drei Einheimische beim abendlichen Palaver sitzen, da werden Sie gut, preiswert und wie bei Muttern bedient. Touristeninformationen gibt es für die ganze Insel in Porto Santo Stefno: *Corso Umberto 55/A, Tel. 05 64/81 42 08*

Montecristo

Na klar, da können wir alle mitreden! Den Abenteuer-Schmöker »Der Graf von Montecristo« von Alexandre Dumas dem Älteren haben wir alle in unserer Jugend gelesen. Oder zumindest haben wir eine der Verfilmungen der Geschichte vom 14 Jahre unschuldig im Château d'If eingekerkerten Adligen gelesen, der von einem Mithäftling den Lageplan eines sagenhaften Schatzes bekommt, von der Sträflingsinsel endlich fliehen kann, die Pretiosen findet und beginnt, an seinen Peinigern Rache zu nehmen. Der weltbekannte Roman geht auf eine Legende zurück, die man sich im Toskanischen Archipel gern erzählt. Danach soll es gegen Ende des 6. Jhs. auf Montecristo ein reiches Benediktinerkloster gegeben haben, das von Klöstern auf Sardinien und Korsika immer neue Wertgegen-

Reste eines römischen Landhauses: die Villa Romana

stände erhielt. Doch plötzlich, um die Mitte des 15. Jhs., schienen die Mönche verarmt. Sie bettelten bei den damaligen Herren, den Fürsten Appiani, um Almosen. Die glaubten ihnen nicht. Später spann sich um die neue Armut der einst reichen Benediktiner die Mär, daß immer nur ein Mönch von der Lage des Schatzes gewußt hätte und der wäre gestorben, bevor er einen Lageplan an seinen Nachfolger hätte weitergeben können. Diese Sage erzählte Jacques Abrial, ein reicher Franzose aus Florenz, dem das Kloster zeitweilig gehörte, dem französischen Schriftsteller Dumas, und der spann dann 1845 sein packendes Abenteuer drumherum. Noch heute kommen deshalb Romantiker auf die wildzerklüftete Granitinsel, die überall – es gibt keinen Sandstrand auf 16 km Küstenlänge – steil ins Meer fällt. Allerdings sind es nurmehr Tagesbesucher, die mit Ausflugsbooten von Elba aus anlanden, denn eine Möglichkeit zum Wohnen gibt es auf Montecristo, der geheimnisumwittertsten Insel im Toskanischen Archipel, nicht (Auskünfte: Fremdenverkehrsamt auf Elba).

Villa Romana delle Grotte

Zurück auf Elba gibt es noch dieses Ausflugsziel unmittelbar hinter der Stadtgrenze von Portoferraio. Hinter dem klangvollen Namen verbergen sich Reste eines römischen Landhauses, das dem Präfekten Publius Acilius Attianus zugeschrieben wird, der den bei Seccheto gefundenen und heute im Hof des Municipios von Portoferraio stehenden Opferaltar in Auftrag gegeben hatte. Allerdings sind die Reste eher kläglich, nicht wert, sein Sonnenbad extra dafür zu unterbrechen. *2 km hinter den Thermen von San Giovanni auf der linken Seite*

Vom Schürfen und Surfen

Der östliche Teil Elbas mit seinen Bergen und Buchten zieht Sommerfrischler und Mineraliensucher gleichermaßen an

Aus der eher flachen, schmalen Mitte Elbas steigt die Insel zum Osten hin schnell wieder an – im Norden zum Cima del Monte mit 516 m und im Süden bis auf die Höhe des Monte Calamita von 413 m. Selbstverständlich hat sich auch hier in den letzten Jahrzehnten in den Buchten, an zum Teil wunderschönen breiten Stränden wie bei Lacona, der Tourismus als Haupterwerbsquelle durchgesetzt. Aber immer noch gibt es Eisenerzlager, die abgebaut werden. In den vielen aufgelassenen Bergwerken, in kleinen Tälern und an Felsabbrüchen suchen Elba-Urlauber nach kleinen Mineralienschätzen, die man tatsächlich noch finden kann. Der Name der südöstlichen Halbinsel Calamita deutet darauf hin.

Denn aus dem Italienischen übersetzt, heißt sie »Magnet«; und das soll auf das Vorkommen des Minerals Magnetit hinweisen. Die wichtigsten Lagerstätten befinden sich am Monte Calamita, bei Ginevro, Ortano, Rio Albano, Rio Marina, Sassi Neri und Terra Nera. Man findet Hämatit- und Pyrit-Kristalle, die sogar ziemlich groß werden können. Es gibt aber auch die Mineralien Baryt, Chrysokoll, Cuprit, Hedenbergit, Kupferkies, Quarz und Ilvait, das nach dem lateinischen Namen für Elba benannt ist. Hier in Ostelba treffen sie sich also, die Schürfer und Surfer, jene, die aus (hobby-)wissenschaftlichem Interesse mit Hacke, Schaufel und Eimerchen kommen, und jene, die Kraft und Geschicklichkeit auf dem Surfbrett dokumentieren wollen. Daß dieses eher ein Miteinander als ein Gegeneinander sich anschließender Urlaubsinteressen ist, kann man an fast allen Orten feststellen.

Elba ist ein Paradies für Wanderer, Hobbygeologen, Taucher und andere Wassersportler

CAPOLIVERI

Das mitten auf der Halbinsel Calamita gelegene Bergarbeiter- und Weinbauernstädtchen lohnt auf jeden Fall einen Besuch. Die ★ Altstadt sollten Sie sich zu Fuß erobern. In viele, oft auch in Treppen angelegte Gassen kommt man gar nicht mit ei-

MARCO POLO TIPS FÜR DEN OSTEN

1 **Altstadt von Capoliveri**
Entdecken Sie die verwinkelten Gassen zu Fuß (Seite 57)

2 **Forte Focardo**
Genießen Sie den herrlichen Blick auf Porto Azzurro (Seite 60)

3 **Halbinsel Stella**
Wandern Sie durch eine wunderschöne Landschaft (Seite 63)

4 **Il Cinema in Giardino**
Gehen Sie unter freiem Himmel ins nächtliche Kino (Seite 65)

5 **Laghetto Terranera**
Baden Sie in der einzigen Süßwasser – Lagune der Insel (Seite 66)

6 **Rio Marina**
Schürfen Sie nach wertvollen und seltenen Mineralien (Seite 67)

nem Fahrzeug hinein. Capoliveri geht auf die römische Siedlung »Caput Liberum« zurück. Sie hieß so, weil Gesetzesbrecher, die es geschafft hatten, den Hügel zu erreichen, ohne festgenommen worden zu sein, innerhalb der Stadtmauern ein freies Leben führen konnten. Später war Capoliveri immer wieder Ziel von kriegerischen Überfällen, was zur Folge hatte, daß die alte Stadtmauer nur noch in Rudimenten sichtbar ist. Heute hat Capoliveri einen erstaunlich hohen Anteil deutscher Bevölkerung. Viele Deutsche haben hier Stadthäuser zu Zweitwohnsitzen ausgebaut, was die alten Elbaner nach erstem Argwohn doch erfreut hat. Denn auf diese Weise haben erhaltenswerte Altstadthäuser neuen Glanz bekommen. (E 4,5)

In der Geschichte Elbas hat Capoliveri auch deshalb seinen Platz, weil es das einzige Dorf gewesen sein soll, das nicht in den allgemeinen Jubel über die Ankunft des großen kleinen Kaisers Napoleon einstimmte. Napoleon soll darüber so verärgert gewesen sein, daß er Capoliveri unter Kanonenbeschuß nehmen wollte. Die Anwohner schickten als Unterhändlerin das schönste Dorfmädchen und besänftigten den Zorn des Verbannten.

Reisende heute schätzen die Landschaft um Capoliveri, weil sie aus einem ausgedehnten Gebiet von Weinfeldern im Wechsel mit schönem mediterranem Niederwald besteht. Außerdem kann man von hier die höchste Gegend der Halbinsel Calamita erreichen, den Namen gebenden Monte Calamita.

HOTELS

Etruria
Das kleine Hotel wird persönlich geführt. *8 Zi. Via Circonvallazione 67, Tel. 96 84 33, Kategorie 3*

Villaggio Turistico Innamorata
Das Feriendorf in einer ehemaligen Piratenbucht außerhalb des Ortes ist besonders bei Surfern be-

liebt, weil hier oft ein schneidiger Westwind geht. 49 Appartments in zwei mit üppigen Blumen verschönten Anlagen. *Innamorata, Tel. 96 85 68 und 96 84 94, Kategorie 2*

RESTAURANTS

Für alle Restaurants des Ortes gilt: Trinken Sie Capoliveri-Wein! Auf ihn ist man zu Recht stolz. Weil die Reben auf dem mineralienreichen Boden von Calamita wachsen, hat er eine hohe Qualität.

Arco Veccio
Das gemütliche Restaurant mit Holzbalkendecke liegt mitten im Ort. Es ist für seine Fischspezialitäten bekannt. *Vom 15. Juni bis 15. Sept. tgl. außer Mo ab 19 Uhr geöffnet, Via A. da Brescia 2, Tel. 93 51 63, Kategorie 2*

Die engen Gassen von Capoliveri lassen sich fast nur zu Fuß erobern

Athos Gugliemi
Es gibt sehr ordentliche Pizza. *Tgl. ab 12 Uhr, Via Mazzini 1, Tel. 96 84 14, Kategorie 3*

La Cantina
Unter einer umwachsenen Pergola kann man elbanische und toskanische Küche genießen. Ein Genuß sind die Meeresfrüchte-Teigtaschen *(tortelli di mare). Vom 15. Juni–15. Sept. tgl. mittags und abends. Via Galileo Galilei 10, Tel. 96 86 06, Kategorie 3*

Rodriguez
Mitten am Hauptplatz der Altstadt gibt es gut gemixte Drinks und Eisspezialitäten. *Tgl. ab 11 Uhr, Piazza Matteotti 5, Tel. 96 70 92*

SPIEL UND SPORT

Free Climbing
Wer diesen Sport treibt oder ihn kennenlernen möchte, kann sich zum Programm »Climbing the Island« anmelden. Kontaktpersonen sind Filippo Lenzi und Renato Bardi. *Locanda Badisugarello 19, Tel. 96 70 16*

AUSKUNFT

Ufficio Turistico Della Lucia
Via Mellini 9, Tel. 93 51 17

ZIELE IN DER UMGEBUNG

Costa dei Gabbiani
Die sogenannte »Möwenküste« am südlichen Ende der Halbinsel Calamita ist Naturschutz- und Erholungsgebiet zugleich. Auf 4000 Hektar Land werden den Touristen ihre Pfade vorgeschrieben. Über die unzugänglichen Felsen klettern wieder angesie-

In Capoliveri haben viele Deutsche einen Zweitwohnsitz

delte Wildziegen. Durch die Macchia toben Wildschweine, die hier nicht gejagt werden dürfen. Und an der Steilküste brüten Tausende von Möwen, was dem Gebiet seinen Namen gab. Es gibt auch Reitmöglichkeiten: *Centro Ippico Costa dei Gabbiani, Tel. 93 51 22*

Forte Focardo

★ An der östlich von Capoliveri gelegenen Narengo-Bucht mit einem sehr beliebten, flach ins Meer abfallenden Stand steht die 1678 unter der Regentschaft des spanischen Gouverneurs Don Ferdinando Giacchino Foscardo erbaute Festung. Ein Besuch der Burg, in die heute die italienische Küstenwacht eingezogen ist, lohnt allein schon wegen des herrlichen Ausblicks auf die gegenüberliegende Festung Longone (siehe Porto Azzurro).

Golfo Stella

Die Stella-Bucht hat mit der *spiaggia del Lido di Capoliveri* den Hausstrand des Ortes. Dort gibt es auch ein nettes, äußerst ruhig gelegenes Hotel: Antares; *geöffnet vom 24. April–18. Okt., 35 Zi., Kategorie 3.* Außerdem findet man einen großen Campingplatz: *Le Calanchiole, geöffnet vom 1. April bis 30. Okt., Tel. 94 01 61 und 93 34 88.* Schließlich gibt es noch die Möglichkeit, Surf-Unterricht zu nehmen: *Aloha Windsurf School Mimmo, Tel. 91 85 37*

Madonna delle Grazie

Die 3 km von Capoliveri entfernt gelegene Wallfahrtskirche erreicht man, wenn man den Ort in Richtung Morcone umfährt. Die meist leider verschlossene Wallfahrtskirche liegt inmitten von Weinstöcken neben einer Tuffstein-Grotte. Das eindrucksvolle Madonnenbild über dem Altar, das Experten einem unbekannten Schüler Michelangelos zuschreiben, bleibt den meisten, die vor das Gotteshaus kommen, verborgen.

Monte Calamita

Die höchste Erhebung der Halbinsel Calamita lohnt einen Ausflug. Der 413 m hohe Hügel ist bekannt für seine reichhaltigen Vorkommen des Metalls Magnetit. Man sagt, daß dies sogar eine anziehende Wirkung auf die Kompaßnadeln der die Halbinsel umfahrenden Schiffe habe.

Morcone
Am zweiten Hausstrand von Capoliveri, der so beliebt ist, daß auch Elba-Urlauber aus anderen Gegenden kommen, findet man neben einer Wassersportschule, in der auch deutschsprachiger Tauchunterricht gegeben wird *(Centro Sub Baia Morcone, Tel. 96 58 58,* fragen Sie nach *Raico Obrull;* in Deutschland Informationen unter *Tel. 0 89/3 11 71 34),* einiges Nachtleben, unter anderem in *New Mandel Disco Club, Tel. 96 85 28.* Eine weitere Diskothek und einen Live-Music-Club gibt es an der nördlich davon gelegenen Cala Trappola: *Ophir Discoteque, Tel. 96 80 09* und *Sugar Reef, geöffnet von 22–5 Uhr, beide geben ElbaCard-Rabatt*

CAVO

Immer schon hat es die Sommerfrischler in diese breite Bucht gezogen. Mauerreste aus römischer Zeit, die geschickt in die Gärten und Ummauerungen neuzeitlicher Villen einbezogen wurden, belegen, daß die Reichen aus Roms großer Zeit hier gern ihren Sommer verbrachten. Später wohnten hier die Direktoren der Erzbergwerke. Nur einmal umwehte Cavo so etwas wie ein Hauch von Bedeutung: als sich 1849 der italienische Freiheitskämpfer Garibaldi für ein paar Stunden in dem Ort aufhielt. Eine Marmortafel am Ortseingang erinnert daran. (F2).

HOTELS

Cristallo
Das locker geführte Haus zieht besonders Unterwasserfans an, da es für Hotelgäste eine eigene Tauchschule gibt. *44 Zi., Piazza Matteotti, Tel. 94 98 98, Kategorie 2*

Ginevra
Das einfache Hotel hat nur Zimmer mit Duschbad. *30 Zi., Via A. De Casperi, Tel. 94 98 45, Kategorie 3*

Maristella
Das familiär geführte Haus hat 35 Zimmer. *Via de Casperi; Tel. 94 98 59, Kategorie 3*

CAMPING

Paguro's
Der Zeltplatz liegt in einem schattigen, direkt an den Strand grenzenden Waldstück. *Geöffnet vom 1. Juni–30. Sept., Tel. 94 99 66 und 91 51 76*

SPIEL UND SPORT

Segeln
Beim Segelverein kann man Unterricht nehmen, man spricht allerdings nur italienisch. *Circolo Nautico, Tel. 94 96 34 und 94 99 86*

AM ABEND

Da Sergio
Die Strandbar wird in den Abendstunden zum Treff für junge Leute. *Via Michelangelo 25, Tel. 94 97 92*

AUSKUNFT

Ufficio Turistico Estelba
Via Alcide de Gasperi 38, Tel. 94 99 34

ZIELE IN DER UMGEBUNG

Capo Castello
Die nach Norden aus Cavo hinausführende Asphaltstraße endet

an einem Pinienwald. Geht man durch ihn hindurch, erreicht man das Kap. Von dort hat man einen schönen Ausblick auf die vorgelagerte *Isola dei Topi,* was im Deutschen Mäuseinsel heißt. Zwischen dem Capo Castello und dem bereits sichtbaren Capo Vita gibt es eine schöne Bucht mit breitem Strand zum Baden.

Capo Pero
Unterhalb der Straße nach Süden in Richtung Rio Marina befindet sich eine verlassene Erzverladeanlage. Was noch nicht von Macchia überwuchert ist, ist mit rostiger Farbe überzogen. Am Meer fand man übrigens Reste von Schmelzöfen aus römischer oder etruskischer Zeit, die sich heute auf privaten Grundstücken befinden und deshalb nicht besichtigt werden können.

LACONA

Der Ort ist eigentlich erst mit dem Fremdenverkehr gewachsen. Früher gab es hier im Hinterland nur ein paar Gutshöfe, die auch heute noch bewirtschaftet werden. Ihr Obst verkaufen die Bauern jetzt an die Touristen; und ihre Oliven ernten sie im November nur noch, um Öl für den Hausgebrauch pressen zu lassen. Die Söhne und Enkel arbeiten längst im Fremdenverkehrsgeschäft, das sich hier rund um den Golfo della Lacona zum Entsetzen der Individualtouristen sprunghaft entwickelt hat. Der breite, fast 2 km lange Sandstrand lockt jährlich Pauschalurlauber zu Zehntausenden an und sorgt dafür, daß an dieser Stelle Elba-Typisches mehr und mehr verschwindet. Deutsche und Engländer bekommen ihr heimatliches Bier; es gibt Eisbein mit Sauerkraut und Fish & Chips. Leider! (D 4)

HOTELS

Capodistella
Das außerhalb gelegene Hotel hat nur von April bis September geöffnet. *32 Zi., Capo di Stella, Tel. 96 40 52, Kategorie 2*

Giardino
Das kleine Gartenhotel liegt leider mittendrin im Trubel, es hat von April bis Oktober geöffnet. *34 Zi., Tel. 96 40 59, Kategorie 3*

RESTAURANTS

Elbolanda
Im Fast-Food-Einerlei rund um Lacona ist diese Pizzeria-Spaghetteria eine Ausnahme. Die Pizza kommt knusprig aus dem Holzkohlengrill; und das Eis zum Nachtisch ist hausgemacht. *Mai: bis Okt. tgl. außer Di mittags und abends, Tel. 96 40 10 und 96 40 90, Kategorie 3*

Tre Archi
Gute Fischgerichte. *Via del Moletto, Tel. 96 41 68, Kategorie 2*

CAMPING

Agromaelba
Der Platz liegt direkt am Strand. *Geöffnet 1. April–15. Okt., vom 15. Juni–25. Aug. nur nach telefonischer Vorbestellung, Tel. 96 41 61*

Laconella
Etwas außerhalb des belebten Zentrums an der Bucht gelegen. *Geöffnet vom 1. April–30. Okt., Tel. 96 42 28*

Stella Mare

Der reizvolle Platz bietet Natur-Camping auf einer ins Meer ragenden Langzunge. Die Zelte stehen unter schattenspendenden Bäumen. Es gibt einen direkten Zugang zu einem Sand- und einem Kieselstrand. Die Besitzer, die Familie Maselli, sprechen auch deutsch. *Geöffnet vom 1. April bis 10. Okt., nur nach telefonischer Vorbestellung, Tel. 96 40 07, außerhalb der Saison, 96 40 51*

SPIEL UND SPORT

Minigolf

In einem kleinen Wäldchen an der Hauptstraße (achten Sie auf das Schild des Gasthauses »L'Acquario«) befindet sich ein Minigolfgarten mit 18 modernen Feldern. *Geöffnet von Mai–Okt. tgl. 17–24 Uhr*

Segeln

Am Strand gibt es einen Segelclub, der auch Nicht-Mitglieder mitmachen läßt: *Sporting Club Lacona, Spiaggia die Lacona, Tel. 96 41 75*

Surfen

Fast in der Mitte der Bucht liegt die deutschsprachige Surfschule *Lacona-Elba-Surf (tgl. Kursbeginn um 11 Uhr),* über die man sich schon vorab in Deutschland erkundigen kann; Tel. 0 89/ 49 19 06

ZIELE IN DER UMGEBUNG

Capo di Fonza

Zum westlichen Abschluß der Lacona-Bucht geht man 2 Std. zu Fuß.

Capo della Stelle

★ Zwei Std. braucht man auch, um an den östlichen Punkt, die Spitze der Halbinsel Stella, zu gelangen. Man geht am besten am Osthang der Halbinsel entlang, weil man dann immer wieder einen prächtigen Ausblick auf die Halbinsel Calamita hat.

Madonna della Neve

Für Urlauber, die zwischendurch einmal Sand und See nicht mehr sehen können: Die Kalkstein-Wallfahrtskirche zu Ehren der

La Ciarpa e L'Innamorata

Für schöne Liebesgeschichten hat man auch auf Elba etwas übrig. Eine spielte zur Zeit des sarazenischen Piraten Barbarossa und wirkt bis heute nach. Im Südwesten der Halbinsel Calamita gingen Maria und Lorenzo, die verliebt waren, in Richtung Strand, als Piraten aus einem Hinterhalt kamen und den jungen Mann als Sklaven auf ihr Schiff verschleppten. Als Lorenzo die Kräfte verließen, mußte er sich trotz Gegenwehr ergeben. Bei dem Versuch, ihrem Geliebten zu helfen, stürzte Maria über eine Klippe ins Meer. Die Bürger von Capoliveri suchten lange vergebens nach dem Liebespaar. Man fand oben auf der Klippe nur Marias Schultertuch, das sie beim Sturz verloren hatte. Deshalb nennen die Elbaner die Klippe bis heute in einer Mischung aus Dialekt und Italienisch »La Ciarpa« (der Schal) und den Strand unter dem Felsen »L' Innamorata« (die Verliebte).

Mutter Gottes vom Schnee aus dem 16. Jh. liegt 1 km von der Hauptstraße entfernt im Inselinnern.

PORTO AZZURRO

Den Namen »Blauer Hafen« bekam der nach Portoferraio zweitwichtigste Halfen Elbas erst nach dem Zweiten Weltkrieg. Vorher trug er seiner langgestreckten Anlagen und der nahen Festung Piazzaforte di Longone wegen den Namen Porto Longone. Weil aber die Festung das flächenmäßig größte Gefängnis Italiens war und ist und die Redewendung, »einen Besuch in Porto Longone machen«, italienweit die Bedeutung »in den Knast gehen« bekommen hatte, tauften fixe Fremdenverkehrsmanager den Ort kurzerhand um. Obwohl Porto Azzurro selber keinen Strand vorzuweisen hat und man sich zum Baden in die umliegenden Buchten begeben muß, machte sich das Städtchen als Urlaubsort recht gut. Das liegt hauptsächlich an der quirligen *piazza* direkt am Hafen. Von ihr gehen viele Gäßchen mit Geschäften, Bars und Restaurants ab. Im Sommer ist der Platz ein belebter Treffpunkt, der erst spät in der Nacht Ruhe findet. (E, F 4)

BESICHTIGUNG

La Piccola Miniera
Dahinter verbirgt sich die naturgetreue Nachbildung eines 250 m langen Streckenabschnittes aus einem elbanischen Bergwerk mit Baustellen, Schürfstellen, Sammelplätzen, Felsen und Grotten. Alle ausgestellten Teile sind Originalobjekte. Ein kleiner Zug fährt die Besucher im 30-Min.-Takt durch die Ausstellung. Man kann auch die Bearbeitung von Mineralien beobachten. *In der Saison tgl. ab 10 Uhr, Eintritt 3500 Lit., Kinder: 2500 Lit., Pianetto, Tel. 9 53 50*

RESTAURANTS

Belmare
Das Abendessen setzt auf Feinheit und Fischspezialitäten. *Geöffnet von Mai–Okt. tgl. ab 19 Uhr, Via IV. Novembre, Tel. 9 50 12, ElbaCard-Rabatt, Kategorie 2*

Da Floriano
Der Familienbetrieb lockt mit guter, Elba-typischer Küche. *Tgl. außer Mi mittags und abends, Via Ricasoli, Tel. 9 50 92 und 9 56 95, Kategorie 3*

Delfino Verde
Die Terrasse ragt ins Meer hinaus, das die Zutaten für die besten Gerichte liefert. Besonders schmackhaft sind die in Folie gedämpften Fische. *Geöffnet von Mai bis Okt. tgl. außer Mi ab mittags, Via Vitaliani 1, Tel. 9 51 97, ElbaCard-Rabatt, Kategorie 3*

Dell'Angelo
Die American Bar mit einem Riesenbildschirm im Hinterzimmer ist Treffpunkt des Ferrari Clubs von Elba. *Tgl. außer Mo ab 17.30 Uhr*

La Caravella
In diesem Restaurant, das auf Stelzen ins Meer hinausgebaut wurde, hat man fast das Gefühl, auf einer großen Jacht zu sitzen und zu speisen. Bekannt ist es vor allem für seine vegetarischen Nudelgerichte wie Riga-

-oni all'Arrabbiata. *Mi geschlossen, Via Vitaliani, Tel. 9 50 66, Kategorie 2*

EINKAUFEN

Giannini
Man bekommt Mineralien und wird ordentlich behandelt. *Viale Italia 2, Tel. 9 53 07, ElbaCard-Rabatt*

Idea Regalo
Es gibt rustikales Porzellan und inselübliche Keramik. *Lungomare di Gasperi 9, ElbaCard-Rabatt*

Lavanderia Azzurra
In der Expressreinigung können Segler ihre schmutzige Wäsche zum Übernachtservice abgeben. *Piazza Palestro 17–19, Tel. 92 00 31*

La Ruota
Hier gibt es alles, was das Herz des Tauchers oder Anglers begehrt. *Banchina IV: Novembre und Lungomare, Tel. 95 78 78*

Pescheria La Perla
Frischen Fisch gibt es tgl. außer So. *Via Cavalotti 5, Tel. 9 51 00*

Prezioserie
Man findet schönen Korallenschmuck und altes Silber. *Via d'Alarcon 4, Tel. 9 56 93*

HOTELS

Belmare
Zentral gelegenes Haus, ganzjährig geöffnet. *35 Zi., Via IV Novembre, Tel. 9 50 12, Kategorie 3*

Due Torri
Das Haus ist behindertengerecht. *22 Zi., Via XXV Aprile 3, Tel. 9 51 32, Kategorie 2*

Plaza
Das Hotel liegt etwas außerhalb. Es hat zwischen April und September geöffnet. *25 Zi., Punta Fanaletto, Tel. 9 50 10*

SPIEL UND SPORT

Bootsausflüge
Ausflugsfahrten kann man buchen bei *Motobarca il Dollaaro, Agenzia Mantica, Tel. 9 53 51*

Tennis
Auch Nicht-Mitglieder können sich beim Tennisclub um einen Platz bemühen. *Langone Tennisclub, Viale Europa, Tel. 95 78 45*

AM ABEND

Il Cinema in Giardino
★ Das Open-air-Kino zeigt während der Sommermonate italienisch synchronisierte Filme. Es gibt eine Bar. *Tgl.; Einlaß: 21.30 Uhr, Vorstellungsbeginn 22.15 Uhr, Eintritt 7000 Lit., Arena Italia, Tel. 92 00 70 und 9 50 25*

AUSKUNFT

Ufficio Turistico Arrighi
Banchina IV Novembre 23, Tel. 9 50 00 und 9 51 50

ZIELE IN DER UMGEBUNG

Barbarossa-Bucht
Am Hausstrand von Porto Azzurro, der seinen Namen trägt, weil hier der berüchtigte türkische Pirat gleichen Namens einmal gelandet sein soll, gibt es eine Tauchschule, in der deutschsprachiger Unterricht erteilt wird: Sub Ex, Tel. 9 56 28, *Auskunft vor der Reise: Ren Galster, Bettenstr. 31, CH-4123 Allschwil, Tel. in der*

An der Barbarossa-Bucht liegt der Hausstrand von Porto Azzurro

Schweiz 0 61/63 07 82. Ebenfalls am Strand findet man einen Campingplatz *Da Mario, geöffnet vom 1. April–31. Okt., Tel. 95 80 32*

Laghetto Terranera

★ Die nur durch einen schmalen Streifen Land vom Meer abgetrennte Süßwasserlagune enthält schwefelhaltiges gelbgrünes Wasser, in dem man baden kann. Das Bad soll die Haut straffen. Man erreicht die Lagune, in deren Umgebung man auch erfolgreich nach Mineralien suchen kann, wenn man nach Norden hinaus aus Porto Azzurro in Richtung Rio Marina fährt und nach etwa 2 km die rechte Abzweigung nach Capo d'Arco, einer zersiedelten Vorortgemeinde, nimmt.

Madonna di Monserrato

Die Wallfahrtskirche aus dem 17. Jh., die leider meist verschlossen ist, erreicht man, wenn man von der Straße nach Rio Marina nach etwa 1 km die ausgeschilderte linke Abzweigung nimmt. der Weg endet an einem Parkplatz. Von dort muß man noch etwa 15 Minuten zu Fuß gehen, was in der zauberhaften Landschaft eines wildbewachsenen Tals keine Zumutung ist. (E 4)

Piazzaforte di Longone

Auch hier ist eine Besichtigung nicht möglich: Man darf nur außerhalb der Mauern der Festung, die ja ein Gefängnis ist, entlang gehen, hat aber einen schönen Blick auf Porto Azzurro und die Bucht.

RIO MARINA

★ Der ehemalige Erzverladehafen hat einen verfallenden Charme. Die Häuser rund um die von Platanen gesäumte Hauptstraße beginnen dort, wo der Putz abbröckelt, zu rosten. An anderen Stellen funkeln die ebenfalls im Stein enthaltenen Mineralien noch. Ein untrügliches Zeichen, daß Rio Marina am Rande eines reichhaltigen Mineraliengebietes liegt. Auch Badeurlauber kommen auf ihre Kosten. Besonders schöne Strände, Buchten und kristallklares Wasser gibt es die südliche Küste entlang Richtung Capo Ortano. (F 3)

BESICHTIGUNG

Torre degli Appiani
Der 1534 erbaute, von Giacomo Appiano in Auftrag gegebene Wehrturm am Ende der Hafenanlagen wacht noch immer über den Ort. Man kann den Turm leider nicht besteigen.

MUSEEN

Museo Ricci Alfeo
Das private Mineralienmuseum umfaßt eine Sammlung von mehr als 600 verschiedenen Mineralien. Insgesamt werden über 3000 Fundstücke gezeigt. *Tgl. 8 bis 13 und 14.30–20; Eintritt: 3000 Lit.; Kinder: 2000 Lit.; Via Roma 134, Tel. 96 22 08*

Palazzo Communale
Im Rathaus ist das öffentliche Mineralienmuseum »Museo Minerario Elbano« (Eintritt frei) untergebracht, in dem man sich den theoretischen Unterbau für die eigene Mineraliensuche beschaffen kann. Hier kann man sich auch Eintrittskarten (Eintritt: 3000 Lit., ein Personalausweis muß vorgelegt werden) für Führungen kaufen, die Sa und So durch eine aufgelassene Tagebau-Stelle 1 km nördlich von Rio Marina in Richtung Cavo gemacht werden. Man darf selbst nach Mineralien suchen und sollte deshalb entsprechendes Handwerkszeug wie Hammer und Meißel nicht vergessen. Wer kein Glück beim Schürfen hat, kann auf dem Rückweg in den ehemaligen Arbeiterhütten zum Teil recht prachtvolle Fundstücke kaufen. Ein Tip: Akzeptieren Sie nicht jeden Preis; handeln Sie! Sicher ist allerdings, daß Sie hier ein besseres Schnäppchen machen als in jedem Mineralienladen auf der Insel, deren Preise teurer werden, je näher Sie an die Touristenzentren herankommen. *Museum: 1. Mai–30. Sept. tgl. 9–12 und 15–18, So 9–12 Uhr, Tel. 96 27 47*

RESTAURANT

Da Oreste/La Strega
Das Gasthaus hat – auf Ferieninseln immer ein gutes Zeichen – ganzjährig geöffnet. Für den Besitzer Oresto und seinen Sohn Claudio ist das auch sinnvoll, denn ihr Haus wird von vielen Einheimischen frequentiert. Es gibt etwa Seezungen frisch vom Kutter im Hafen. *Do geschlossen, Via Vittorio Emanuele 6, Tel. 96 22 11, Kategorie 2*

HOTELS

Club Capo d'Arco
Die exklusive Clubanlage liegt etwas außerhalb. *9 Zi., Capo d'Arco, Tel. 94 80 88, Kategorie 1*

Der Torre degli Appiani in Rio Marina

Ortano Mare
Ebenfalls außerhalb liegt dieses behindertengerechte Hotel. Es hat von April bis Mitte Oktober geöffnet. *117 Zi. (davon allerdings nur 4 mit Bad, die anderen mit Dusche), Ortano, Tel. 94 31 44, Kategorie 2*

Rio
Im Übernachtungspreis des ordentlichen Hotels ist das Frühstück inbegriffen. *Geöffnet von April–Sept., 35 Zimmer, Via Palestro 31–35, Tel. 96 27 22, Kategorie 2*

CAMPING

Canapai
Unter Bäumen gibt es 70 Stellplätze. Zum Meer sind es 200 m. *Ortano, Tel. 96 24 71*

Le Venelle
Die schattig unter Bäumen gelegenen 121 Stellplätze befinden sich direkt am Meer. *Strada di Venelle, kein Telefon*

AUSKUNFT

Ufficio Turistico Forti
Via Palestro 25, Tel. 96 23 92

RIO NELL'ELBA

Das ist eigentlich kein Ort, in dem man bleiben möchte. Zu sehr erinnern die Häuser an die häufigen Piratenüberfälle im Laufe der Jahrhunderte. Ein Weg durch die Altstadt macht deutlich, daß die Bewohner ihre Häuser verschanzen mußten, um wenigstens eine geringe Chance zu haben, beim nächsten Überfall marodierender Seefahrer vielleicht einmal unbehelligt zu bleiben. Heute ist Rio nell'Elba ein eher verschlafener Ort, weil es längst seine Bedeutung als großes Zentrum des Bergbaus verloren hat. Wir nehmen es als Ausgangspunkt für die Vorstellung einiger wichtiger Touristenzentren an der Nordseite Elbas zwischen Portoferraio und Cavo. Die Ortsgeschichte geht bis zu den alten Römern zurück – sie nannten den Flecken Rivus (Fluß), weil hier soviel Wasser floß, daß die ganze Gegend bewässert werden konnte. (F 3)

BESICHTIGUNGEN

Lavatoio
Der Waschplatz im Innern der Altstadt mit seinen Brunnen wird bis heute benutzt. Man kann mit den Elbanern ins Gespräch kommen, die hier allerdings noch

zurückhaltender sind als im Westteil der Insel.

Piazza del Popolo

Der Marktplatz vor der Pfarrkirche aus dem 11. Jh., die mehrfach umgebaut wurde und nicht sonderlich sehenswert ist, gilt als zweiter Treffpunkt des Ortes.

KIRCHEN

Padre Eterno

1 km vor Rio nell'Elba liegt die Kirche aus dem 17. Jh. mit einem hübschen Altarbild aus der gleichen Zeit und Altarsäulen, die aus dem vor Ort gefundenen Serpentinit gehauen wurden.

Santa Caterina

3 km außerhalb des Ortes in Richtung Nisportino findet man die der heiligen Caterina von Alexandrien geweihte Kirche. In jedem Jahr am Ostermontag und am 25. November, dem Tag der Heiligen, werden Messen gelesen. Am Ostermontag findet um die Kirche herum ein Volksfest statt.

ZIELE IN DER UMGEBUNG

Bagnaia

Das kleine Fischerdorf hat einen Kieselstrand und eine Segelschule, in der deutschsprachiger Unterricht gegeben wird. Fragen Sie nach Sabine Verweyen: *Segelzentrum Elba, Tel. 96 10 90, Auskunft vor der Reise: Sürther Hauptstraße 212, 50999 Köln, Tel. 0 22 36/6 55 05 (E 3)*

Magazzini

In Magazzini hat man Ende des letzten Jahrhunderts Gräber aus dem 7. Jh. v. Chr. gefunden, deren reiche Beigaben heute im Stadtmuseum ausgestellt sind. Außerdem gibt es auch in diesem Badeort mit nicht besonders großem Badestrand eine Segelschule mit deutschsprachigen Lehrern. Fragen Sie nach Renate Bonin: *Segelclub Elba, Tel. 93 32 88; Auskunft vor der Reise: Siebenmorgen 19, 51427 Bergisch Gladbach, Tel. 0 22 04/ 6 87 03.* Außerdem gibt es ein sehr schönes Hotel: *Fabricia, geöffnet vom 18. April–5. Okt., 75 Zimmer, Tel. 93 31 81, 40 Zimmer, Kategorie 1* (E 3)

Nisportino

Der kleine, von Felsen umgebene Sandstrand nördlich von Rio nell'Elba wird nicht viel besucht. (E 3)

Nisporto

An einer geschützten Bucht gibt es einen Kieselstrand, der in vielen Farben leuchtet. (E 3)

Ottone

Der gemischte Sand- und Kiesstrand liegt zwischen Bagnaia und Magazzini. Der Ort ist durch das in einem Park gelegene Luxushotel »Villa Ottone« bekannt: *geöffnet vom 18. Mai–Ende Sept., 70 Zi. Tel. 93 30 42, Kategorie 1.* Es gibt auch einen Campingplatz: *Rosselba le Palme, geöffnet vom 15. April–30. Sept., Tel. 93 31 01 und 93 33 49* (E 3)

Volterraio

Zur Ruine der Festung zwischen Rio nell'Elba und Magazzini kann man rechterhand der Straße nur zu Fuß hinaufgehen. Der Aufstieg dauert etwa 35 Minuten. Man kann in das Innere gelangen. Es ist aber Vorsicht geboten, da sich immer wieder Steine aus dem Mauerwerk lösen. (E 3)

Vom Berg und seinen Tälern

Der Monte Capanne wacht über den westlichen Teil Elbas, in dem es die meisten und schönsten Strände gibt

Man sagt im Deutschen von einer Sache, die man nicht beschreiben kann, weil sie nicht eindeutig festzulegen ist, sie sei weder Fisch noch Fleisch. Im wahrsten Sinn der Worte ist der Westen Elbas Fisch und Fleisch. Denn es gibt Berge mit Wäldern, in denen allerlei Schmackhaftes aufzustöbern ist; und man findet Buchten und Strände, wo Meeresgetier nach dem täglichen Fang noch frisch schmeckt. Die Schönheit dieser Ecke der größten Insel im Toskanischen Archipel verweist den Schreibenden auf eine andere, etwas laxe Formulierung aus dem Volksmund: Sie ist unbeschreiblich schön!

Da Sie, die Leser, aber nichts von unbeschriebenen Seiten haben, sollen an dieser Stelle die Gründe für die wildromantische, abwechslungsreiche Schönheit genannt werden.

Fast exakt in der Mitte Westelbas steigt das Granitmassiv des besteig- und mit einer Kabinenbahn befahrbaren 1019 m hohen Monte Capanne auf. Das im Laufe der Jahrtausende durch Verwitterung abgetragene Deckgebirge ist mit seinen Felsburgen, Glockenbergen und Riesenhohlblöcken – wir kommen an entsprechender Stelle noch ausführlich darauf zurück – eine Fundgrube für geologisch interessierte Reisende. Aber auch Wanderer und Radfahrer, Hobbybiologen und Pilzesammler können in den Wäldern rund um den Monte Capanne und den daneben liegenden 630 m hohen Monte Perone ein weites Betätigungsfeld finden. Nur unsichere Autofahrer müssen bisweilen fluchen, daß sie sich darauf eingelassen haben, in die von Serpentinen durchzogene Bergwelt hineingefahren zu sein. Denn die Kehren und Windungen sind häufig spitz, und die Straßen manchmal fast zu schmal für die Begegnung zweier Busse.

Vom Gipfel des Monte Capanne aus verlaufen in einer strahlenförmigen Anordnung Täler hinunter zur Küste. Auch sie entstanden durch Verwitterung. An den Enden der größten Täler wie Valle di Pomonte, Fosso di Vallebuia und Fosso di

Die schönste Bucht von Elba: Golfo della Biodola

Marciana findet man dann die Buchten und Strände, die den so ganz anderen Aspekt von Westelba markieren.

Das Strandleben beginnt bereits am frühen Morgen. Elba ist nämlich nicht unbedingt wie etwa die spanische Baleareninsel Ibiza ein Eldorado für Nachtschwärmer. Deshalb passiert es nicht selten, daß morgens um sieben schon die ersten Schwimmer ins Meer gehen. Gegen elf – auf Ibiza undenkbar – ist während der Hochsaison jeder Liegestuhl belegt, jeder Sonnenschirm gemietet. Um beides muß man in den meisten Buchten jeden Tag aufs neue kämpfen. Denn nur wenige Luxushotels halten in einem dann auch streng abgegrenzten Bereich das Sonnengerät für ihre Besucher frei.

Beim Wandern am Strand kommt der Westelbabesucher immer mal wieder an Grenzen. Denn zwischen den Tälern, die sich in einem breiten Trichter zum Meer hin öffnen, fällt das Bergmassiv des Capanne manchmal bis zu 100 m steil hinunter direkt ins Meer.

CAMPO NELL'ELBA

Oberhalb des im Süden Elbas gelegenen Golfo di Campo mit seinem sehr touristischen Badeort Marina di Campo erstreckt sich die über 200 m hoch gelegene Ebene von Campo nell' Elba mit den beiden Orten San Piero in Campo und Sant'Illario in Campo. (Zum Gemeindeverband gehören auch noch Cavoli und Secceto, siehe dort.) Die Menschen in diesem nicht nur durch die besuchenswerte gemeinsame Karfreitagsprozession verbundenen Doppelort haben die Zurückhaltung aller Insulaner, die nicht direkt mit dem

MARCO POLO TIPS FÜR DEN WESTEN

1. **Golfo della Biodola**
Tolle, teure Hotels und ein feiner, weißer Stand (Seite 83)

2. **Fetovaia**
Geschützt baden, wenn woanders der Sturm braust (Seite 81)

3. **Marciana Alta**
Treppensteigen in Elbas ältester Dauersiedlung (Seite 79)

4. **Monte Capanne**
Die höchste Herausforderung auf der Insel (Seite 80)

5. **Patresi Mare**
Über glatte Felsen gesund ins Meer rutschen (Seite 76)

6. **Piazza di San Piero**
zur Abendstunde ein Schwätzchen mit netten Elbanern (Seite 73)

7. **Villa Napoleone**
Ein neugieriger Blick in Bonapartes Sommerresidenz (Seite 84)

8. **Zancas »La Valetta«**
Ein Gasthaus, das seinen Namen wirklich verdient (Seite 76)

sonnenöl-glänzenden, kinderjauchzenden und Lire-bringenden Tourismus an der Küste Kontakt halten. Wenn man ihnen allerdings Höflichkeit entgegenbringt, zeigen sie schnell freundliche Hilfsbereitschaft. Und mit etwas Geduld erfahren Sie dann auf den Marktplätzen, auf denen gegen Abend die alten Männer (sitzend) und die alten Frauen (stehend zwischen den Einkäufen) zu einem Plausch zusammenkommen, in welche Richtung Sie sich wenden müssen, um zu einem der vielen aufgelassenen Steinbrüche zu gelangen. Dort können Mineraliensammler noch Granitplatten mit Turmalinsplittern finden. (B, C4)

Die Kirche San Giovanni in der Nähe von Campo nell'Elba

BESICHTIGUNGEN

Cimitero di San Piero

Wenn man am Südende San Pieros westlich durch eine von Zypressen gesäumte Allee geht, erreicht man nach 10 Min. den ummauerten Friedhof, in dessen Wände, wie in Italien üblich, die Särge in übereinanderliegenden Fächern eingemauert sind.

Piazza di San Piero

★ ◎ Der Hauptplatz von San Piero ist ausnahmsweise mal nicht der Kirchplatz. Gleich am Eingang von San Piero, das man über verwinkelte Treppen nur zu Fuß erkunden kann, findet man die *Piazza,* die von Platanen umstanden ist. Sie ist Treffpunkt und Nachrichtenbörse.

Festung

Östlich von Sant'Illario findet man noch Mauerreste von Verteidigungsanlagen. Es ist nicht überliefert, ob sie aus der Zeit stammen, in der die Familie Appiani über Elba herrschte, oder ob die Pisaner sie errichteten. Zerstört worden ist die Festung jedenfalls von den Spaniern im 18. Jh.

KIRCHE

Santi Pietro e Paolo

Es heißt, daß die romanische Kirche mit ihren – eine Seltenheit – zwei gleichgroßen Schiffen am Südende von San Piero Ende des 12 Jhs. auf den Resten eines altrömischen Tempels aus der Zeit Octavians, der 27 v. Chr. zum Kaiser Augustus gekrönt worden war, erbaut wurde. Die beiden Schiffe sind durch zwei Granitsäulen mit den Skulpturen eines Esels oder Pferdes voneinander getrennt. An Teilen der Wand findet man noch Reste von Fresken, von denen vermutet wird, daß sie aus der zweiten

Hälfte des 15. Jhs. stammen. Wer die Kirche außerhalb der Gottesdienste und Beichtstunden besichtigen will, muß sich anmelden (Tel. 98 32 16). Vom Kirchplatz aus kann man weit über Elba in den Osten schauen.

AUSKUNFT

Municipio di Campo nell'Elba
Centralino; Mo–Fr 9–12 und 15 bis 17.30 Uhr, Tel. 97 69 76

ZIELE IN DER UMGEBUNG

La Pila
Weiter hinunter zur Verbindungsstraße von Procchio nach Marina di Campo kommt nach 5 km der Ort La Pila. Am Ortsrand befindet sich Elbas Flughafen, an dem man ein gepflegtes Gasthaus findet: *Da Gianni, von März–Okt. ab 12 Uhr, Fr. geschl., Tel. 97 69 65, 36 Zi., Kategorie 2.* Nicht weit entfernt und nicht in der Einflugschneise kann man in der hübschen »Villa Cristina« *(40 Zi., Carreterra Marina di Campo, Tel. 97 64 83, Kategorie 3)* wohnen. (C 4)

MARCIANA MARINA

Das quirlige Städtchen kommt auch im Winter nicht zur Ruhe. Um den von Platanen umstandenen Kirchplatz und entlang der Uferpromenade gibt es eine Reihe von Restaurants, Bars und Geschäften, die ganzjährig geöffnet haben. Das hat zum einen damit zu tun, daß es in den Hügeln um Marciana Marina in Marciana alta und Poggio eine ganze Reihe von Hausbesitzern gibt (auch aus Deutschland), die gerade im Herbst und Winter auf der Insel bleiben. Zum anderen hat Marciana Marina mit seiner Fischfangflotte, die Sardellen und Sardinen anlandet, und der dazu gehörenden Konservenfabrik eine gewachsene Stammbevölkerung, die im Sommer nur durch wenige Saisonarbeiter ergänzt werden muß (B 3).

BESICHTIGUNGEN

Cotone
Am östlichen Rand der Bucht von Marciana Marina liegt der älteste Teil des Städtchens. Die Fischersiedlung Cotone zeichnet sich durch alte Häuser aus, die direkt auf die ins Meer reichenden Felsen gebaut wurden. Während der Saison werden die Felsen abends und nachts angestrahlt. Dabei kann man erkennen, daß sie von den für das Monte-Capanne-Massiv typischen Hohlblöcken, den sogenannten Tafoni, hier allerdings im Kleinformat, überzogen sind. Diese Verwitterungsform hat auf den ersten Blick Ähnlichkeit mit Schwämmen.

Torre Pisana
Am Ende der Uferpromenade, die sich von Cotone über 700 m bis hierhin zieht, steht ein Wachturm. Der weithin sichtbare Bau wird auch Sarazenenturm genannt, weil die Pisaner ihn im 12. Jh. zum Schutz gegen Übergriffe von islamischen Piraten erbauten.

RESTAURANTS

In allen Restaurants an der Uferpromenade, aber auch im Ort gibt es fangfrischen Fisch, der Ihnen auch unabhängig von der

Karte nach Wunsch zubereitet wird. Man zeigt Ihnen die Fische vor der Zubereitung gern.

Capo Nord
In diesem an Marciana Marinas nördlichem Strand La Fenicia gelegenen Restaurant kann man von mittags bis abends durchgehend essen. Allerdings wird wegen des feinen Ambientes ordentliche Kleidung erwartet. *In der Saison tgl. geöffnet; Locanda La Fenicia, Tel. 99 69 83, Kategorie 2*

Rendez-Vous da Marcello
Besonders zu empfehlen sind die Nudeln mit kleinen Taschenkrebsen *(linguine con granchietti)* und während der Saison der Langustenauflauf *(piccola marmitta d'aragoste)*. Zum Digestif wird Elba-Grappa aus Poggio serviert. Das Restaurant ist nicht ganz billig; es hat sich aber den ElbaCard-Rabattgebern angeschlossen. *Mi, im Nov. und vom 8. Jan.–10. Febr. geschl.ossen Piazza della Vittoria 1, Tel. 9 92 51, Kategorie 1–2*

EINKAUFEN

Boutique Spinnaker
Mode für Wassersportler und Wassersportlerinnen. *Viale Regina Margherita 63*

Colibrí Boutique
Designerkleidung von Ungaro, Missoni, Fendi. *Viale Regina Margherita 2*

Mondo Verde
Wie der Name, grüne Welt, andeutet, handelt man mit natürlichen Produkten wie Honig, Seifen, Kräutern und Bonbons aus gesunden Zutaten. *Viale Regina Margherita 37*

Nautica Elbana
Bootszubehör und Segelutensilien. *Viale Regina Margherita 62*

HOTELS

Gabbiano Azzurro Due
Das Hotel hat 40 hübsch eingerichtete Zimmer und bietet seinen Gästen draußen wie drinnen einen Swimmingpool. *Vom 8. Jan. bis 20. Feb. geschl. Viale Principe Amedeo 48, Tel. 99 70 34 und 99 70 35, Kategorie 2*

Residence St. Claire
Angenehm ruhig gelegen, weist das Haus 35 mit Elba-Charme eingerichtete Zimmer auf. *Via Aldo Moro, Tel. 99 67 96 und 9 91 00, Kategorie 3*

STRAND

La Fenicia
Der kleine Kieselstrand liegt westlich von Marciana Marina außer Reichweite des Hafengebiets. Es gibt einen Felsvorsprung, auf dem man sich sonnen kann.

AM ABEND

Cinemare
Das Kino von Marciana Marina zeigt während der Saison tgl. außer an hohen kirchlichen Feiertagen wechselnde Filme in italienischer Sprache. Die Vorführung beginnt um 21.30 Uhr. *Via Dussol, Tel. 9 90 27*

AUSKUNFT

Ufficio Turistico Brignetti
Via Scali Mazzini 13, Tel. 90 40 81 und 99 66 92, Mo–Fr 9–12.30 und 15–18 Uhr, Sa nur vormittags

ZIELE IN DER UMGEBUNG

Patresi Mare

★ Eine prächtige, flach abfallende Felsküste lädt zum Baden und Sonnen ein. Für Wohnwagengespanne und Campingbusse gibt es keine Wendemöglichkeit. In der Nähe: das Leuchtfeuer *Faro di Punta Polveraia,* das leider nicht bestiegen werden kann, weil es im Besitz der Marine ist. Es gibt den Schiffen zwischen Elba, Capraia und Korsika Orientierung. 16,5 km von Marciana Marina entfernt. (A 3)

Ripa Barata

Die Anhöhe am westlichen Ende von Marciana Marina verschafft einem eine herrliche Aussicht auf das Meer hinaus. Auf Trampelpfaden kann man das Meer erreichen. 1,5 km von Marciana Marina entfernt. (B 3)

Zanca/Sant'Andrea

Es gibt eine herrliche Geschichte: Der französische Gouverneur Capitaine Hugo, Vater des weltbekannten Schriftstellers Victor Hugo (»Der Glöckner von Notre Dame«), soll aus der Bucht von Sant'Andrea mit einem einzigen Kanonenschuß ein Piratenschiff in die Flucht geschlagen haben. Die Bucht selber hat einen kleinen, meist überfüllten Sandstrand. Linkerhand geht es allerdings über gut zugängliche Felsen zu immer neuen Möglichkeiten, auf flachen Granitplatten ins Meer zu gelangen. Allerdings ist Vorsicht geboten, wenn das Meer rauh ist. Dann wagen an dieser Stelle nicht einmal geübte Schwimmer den Sprung ins Wasser. Einige Hotels und Pensionen haben sich angesiedelt, unter anderem auch das »Gallo Nero« mit 20 Zimmern *(geöffnet vom 20. März–25. Okt., Tel. 90 80 17, Kategorie 3).* An der Straße von Marciana Marina, direkt an der Abzweigung in die Bucht von Sant'Andrea, liegt der Ort Zanca mit einer Offenbarung als Restaurant: ★ »La Valetta« *(in der Saison tgl. und durchgehend ab mittags geöffnet, Tel. 90 81 00, Kategorie 2–3).* Gianna, die Patronin des Hauses, bedient Sie mit einer zuvorkommenden Freundlichkeit, die man kaum mehr für möglich halten würde. Und die Meeresspezialitäten sind eine Köstlichkeit von hohen Graden. Seien Sie nur ein wenig vorsichtig mit den herrlichen und gepflegten Elbaweinen, denn die Rückfahrt nach Marciana Marina ist zwar nicht lang, aber äußerst kurvenreich! (A 3)

MARINA DI CAMPO

Der Ort ist ein vielbesuchtes Touristenzentrum mit all den Vor- und Nachteilen, die das mit sich bringt: In der Hochsaison haben ihn die Touristen vollkommen in der Hand; es gibt aber auch, das muß man zugestehen, hier einen der saubersten Sandstrände der Insel. 2 km lang, führt er vom ehemaligen Fischerort im Südwesten durch die Bucht Golfo di Campo bis zu einem schattigen Pinienwald im Südosten. Marina di Campo hat nach Portoferraio und Porto Azzurro den drittgrößten Hafen Elbas, der von einem 25 m hohen steinernen Turm aus pisanischer Zeit bewacht wird und einer eigenen Fischfangflotte als Heimathafen dient. Für geologisch Interessierte: An den Enden der Bucht von Marina di Campo gibt es Wechselablagerungen von marinen Sandsteinen, Kalken, Mergel und Schiefertonen, sogenannte Flyschsedimente. (C 4, 5)

RESTAURANTS

Wie in jedem Ferienort gibt es in Marina di Campo eine ganze Reihe von Restaurants entlang der Uferpromenade und im Ort selber. Da sich der Ort hinter der Promenade in die Länge zieht, sind die Wege vom Sonnenplatz am Strand bis zu einem Gasthaus im Ort nicht weit.

Bologna

In einem ehemaligen Weinkeller, der allerdings für Sommerabende auch eine schöne Terrasse hat, serviert man toskanische und elbanische Küche. Spezialitäten: gebackener Fisch und die beste Holzofen-Pizza der Insel. *16. Okt.–31. März und Di. geschl., Via Casa Nuove 17, Tel. 97 61 05, Kategorie 2*

Il Cacciucco

Das gern besuchte Restaurant mit Tischen auf dem Trottoir liegt mitten im historischen Zentrum von Marina di Campo an der belebten *Piazza Cavour. Mo geschl., Tel. 97 64 89, Kategorie 2*

La Lucciola

Mit Blick auf die Bucht, direkt am Strand gelegen, gibt es mittags ein kaltes Buffet und kleine Snacks. Abends lädt man zum opulenten Dinner bei Kerzenschein und schmackhaften Fischspezialiäten. Man gibt ElbaCard-Rabatt. *Tgl. geöffnet, Viale degli Eroi 2, Tel. 97 63 95, Kategorie 3 (mittags), Kategorie 2 (abends)*

EINKAUFEN

Propolis Pollines

Es gibt als Mitbringsel Honig von der Insel, Wachskerzen und getrocknete Kräuter. *Via Donizetti 6*

HOTELS

Barcarola Due

Das kleine, fein geführte Hotel hat kein Restaurant. Ein Frühstück ist im Preis inbegriffen. *28 Zimmer, Juni–Sept. geöffnet, Via Mascagni 38, Tel. 97 62 55 und 97 62 79, Kategorie 2–3*

Montecristo

Direkt über dem Sandstrand hat das Hotel ein großes eigenes Schwimmbad, in dem man richtig ausschwimmen kann. *80 Zi., Mitte April – Ende Sept. geöffnet, Lungomare Nomellini 11, Tel. 97 67 82 und 97 68 61, Kategorie 3, im August: Kategorie 2*

Santa Caterina

Mahlzeiten gibt es nur für Hausgäste. *41 Zimmer, 16. April–Sept. geöffnet, Viale Elba, Tel. 97 64 52, Kategorie 3*

CAMPING

Camping dell'Isola

Der ausgeschilderte Platz liegt nur 100 m vom Meer entfernt. *1. Mai–30. Sept. geöffnet, Tel. 97 60 48*

Del Mare

Der Platz liegt direkt am Strand. *1. April–15. Okt. geöffnet, Tel. 97 62 37*

La Foce

Man findet den Platz am östlichen Rand des Ortes, wenn man

von der Straße nach Lacona rechter Hand meerwärts abbiegt. *Ganzjährig geöffnet, Tel. 97 64 56*

SPIEL UND SPORT

Da Sergio
Am bewachten Badestrand »Da Sergio« kann man Kanus, Tret- und Ruderboote mieten. Gleich nebenan gibt es einen öffentlichen Park mit Kinderspielplatz. *Viale degli Etruschi, Tel. 97 70 25*

Tauchen
Am Campingplatz »Del Mare« gibt es die deutschsprachige Tauchschule »Spiro Sub«. Fragen Sie nach dem Besitzer Pit Gsell, einem Schweizer. *Tel. 9 72 37*

AUSKUNFT

Ufficio Turistico CIPAT
Via Mascagni, Tel. 97 64 14

ZIELE IN DER UMGEBUNG

Casa Ischia
Vom Campingplatz »La Foce« führt ein etwa halbstündiger Fußweg zu diesem fast verfallenen Gebäude auf einer Anhöhe, von dessen Vorplatz man einen schönen Ausblick auf das Meer und den östlichen Teil der Insel hat.

Cavoli
Die Badebucht lockt mit Sand- und Felsenstrand. Bei klarem Wetter kann man bis zu den Inseln Pianosa und Montecristo sehen. Oberhalb Cavolis findet man *La Nave,* einen steinernen, nicht fertiggestellten Brunnen aus pisanischer Zeit in der Form eines Schiffes. Man fährt an einer mächtigen Schirmpinie von der Hauptstraße nach rechts ab. Ein Schild weist auf das Hotel »Le Formiche Residence« *(35 Zi., Tel. 98 71 52, Kategorie 3)* hin. Cavoli liegt 5 km westlich von Marina di Campo. (B 5)

Seccheto
Auch in der nächsten Bucht nach Cavoli gibt es sowohl Sand- wie Felsenstrand. Am Hotel »La Stella« *(Tel. 98 70 13, 30 Zi., Kategorie 3)* gibt es eine Tauch- und Segelschule: *Diving Service Center, Tel. 98 70 13,* in der man aller-

Von Poggio aus kann man schöne Wanderungen unternehmen

dings keinen deutschsprachigen Unterricht erteilt. Von Seccheto aus kann man Wanderungen in den *Fosso di Vallebuia* unternehmen. Das »dunkle Tal« ist einer der Hauptgräben, die vom Monte Capanne hinunter ans Meer führen. Im späten Sommer trägt das reichlich vorhandene Brombeergestrüpp Früchte. Seccheto liegt 6 km westlich von Marina di Campo. (B 5)

POGGIO

Der auf halber Höhe am Nordrand des Monte-Capanne-Massivs gelegene Ort ist nicht nur deshalb einen Besuch wert, weil er geeigneter Ausgangspunkt für die Wanderungen hinauf auf Elbas höchsten Berg ist. Es gibt ein lebendiges Ortszentrum mit mehreren Gasthäusern, in denen es selbstverständlich das Mineralwasser Elbas gibt. Es wird nämlich am Ortsrand aus der Mineralquelle »Fonte Napoleone« abgefüllt. Bonapartes Namen trägt sie, weil der verbannte Kaiser nach dem Genuß des Wasser angeblich eine deutliche Linderung seines Blasenleidens verspürte. Stolz nennt sich Poggio jetzt einen Trinkkurort. Man vertreibt das Mineralwasser mit und ohne Kohlensäure auf der ganzen Insel. Es gab allerdings auch eine Zeit, in der Menschen aus ganz Europa zum Kurtrinken nach Poggio kamen. Daran erinnert das einstige Hotel »Fonte Napoleone«, das heute zu einem Apartmenthaus geworden ist. Ins Gästebuch trugen sich damals so prominente Reisende wie der englische Premierminister Winston Churchill oder der französische Maler Eugène Delacroix ein. Poggio ist treppenförmig in den Berg hineingebaut. In seinen winkeligen Gassen gibt es viele hübsche Häuser. Auffallend sind die vielen liebevoll bepflanzten Blumenkästen und -kübel unter den Fenstern und an den Hausaufgängen. (B 4)

KIRCHEN

San Defendente
Das Gotteshaus aus dem 16. Jh. im unteren Teil des Ortes ist nur gelegentlich geöffnet.

San Nicolò
Die Gründung der Pfarrkirche im oberen Teil Poggios geht bis ins 8. Jh. zurück. Sie galt viele Jahrhunderte als Trutzburg für die Bevölkerung gegen Piratenüberfälle. Erst im 16. Jh. kamen die Befestigungsbauten hinzu, die jetzt das Gotteshaus einrahmen. Man kann es bei Voranmeldung auch außerhalb der Gottesdienst- und Beichtzeiten besichtigen. *Via Monte Capanne, Tel. 9 92 21*

RESTAURANT

Publius
Das mit rustikalem Holz eingerichtete Restaurant ist am Ortseingang auf einen Felsvorsprung gebaut, so daß man einen wunderbaren Ausblick über die Bucht von Marciana Marina hat. Eine Spezialität in dem Familienbetrieb sind die hausgemachten Nudeln. *Piazza XX Settembre, Tel. 9 92 08, Kategorie 2*

ZIELE IN DER UMGEBUNG

Marciana Alta
★ Poggios Nachbarort ist die älteste ständig bewohnte Ge-

meinde Elbas. Die Pisaner bauten im 12. Jh. die Stadtmauern und die Festung Fortezza, die heute am höchsten Punkt des Ortes liegt und im Sommer Schauplatz für festliche Open-air-Konzerte im Innenhof ist. Vor der Fortezza gibt es für Tagesbesucher des Treppendorfes auch die besten Parkmöglichkeiten. Im Ort besuchenswert, gleich hinter der Kirche, ist das *Museo Archeologico.* Es zeigt eine wertvolle Sammlung von prähistorischen und antiken Fundstücken. Eindrucksvoll ist Saal 3 mit etruskischen Funden. Auf dem Weg von der Festung zum Museum kommt man an der früheren Residenz der Elba-Herrscher Appiani vorbei. Die *casa degli Appiani* aus dem frühen 15. Jh. ist innen allerdings nicht zu besichtigen. Am Dorfplatz unterhalb des alten Stadttores lohnt die Birreria »La Porta« eine Einkehr. Ihre Spezialität sind die *bruschetta,* jene reich belegten gerösteten Brote, die man zwischendurch immer mal essen kann. Von der Terrasse hat man einen schönen Blick übers Land. *Museo Archeologico: von Mai–Sept. tgl. außer Do 10–12.30 und 16–19.30, Eintritt: 3000 Lit.*

Monte Capanne

★ Auf den höchsten Berg Elbas (1019 m) kann man von Poggio aus zu Fuß hinaufsteigen. Die Wanderung durch eine wunderschöne Landschaft dauert zwei bis drei Stunden. Wenn die an vielen Stellen in die Höhe ragenden Kastanienbäume im Frühling blühen, ist es am schönsten. Von Marciana Alta führt auch eine Kabinenbahn auf den Berg hinauf. Die »Talstation« der Cabinova liegt 1 km hinter dem Ortsausgang. Die offenen Kabinen, die bis zu vier Personen fassen, gleiten in gut 15 Minuten auf den Gipfel. Die Bahn ist zu folgenden Zeiten in Betrieb: *1. Mai–31. Mai und 1. Sept. bis 31. Sept. 10–12 und 14.30–18 Uhr, 1. Juni–31. Aug. 10 bis 12 und 14.30–18.30 Uhr.*

Monte Perone

Der neben dem Capanne-Gipfel liegende 630 m hohe Berg ist ein beliebtes Ausflugsziel. Es gibt von Bäumen umstandene Tische und Bänke für ein Picknick unter freiem Himmel.

San Cerbone

Die südlich fast genau auf der Mitte zwischen Poggio und Marciana Alta gelegene Einsiedelei geht auf den heiliggesprochenen Bischof von Populonia gleichen Namens zurück, der 572 n. Chr. auf der Flucht vor den Langobarden nach Elba kam. Die Gedenkkirche aus dem Jahr 1421 baute man genau auf die Grenze der beiden um das Andenken Cerbones streitenden Gemeinden: das Portal auf der Seite von Marciana Alta, den Altar auf die Poggios.

San Lorenzo

Von der Kirche (unterhalb Poggios in Richtung Marciana Marina) stehen nur noch Reste der Außenmauern. Gräser und Sträucher überwuchern das ehemalige Gotteshaus, das die Sarazenen 1553 bei ihrem Angriff auf Poggio und Marciana Alta zerstört hatten.

Santuario Madonna del Monte

Die westlich von Marciana Alta gelegene Wallfahrtskirche erreicht man über einen treppenartigen Weg, der an der alten Festung des Ortes beginnt und an dem die zwölf Leidensstationen Christi gezeigt werden. Diesen Weg nehmen alljährlich am 15. August Tausende von Pilgern. Die Kirche selber ist so oft umgebaut worden, daß man keine eindeutige Zuordnung der Bauphasen vornehmen kann. Vor der Kirche spucken drei steinerne Skulpturen trinkbares Wasser aus, was Napoleon, der seinen Aufenthalt im Sommer 1814 für einige Zeit von Portoferraio hier herauf verlegt hatte, zu dem Ausruf veranlaßt haben soll: »Schatten und Wasser, was braucht man mehr zum Glück.«

POMONTE

Pomonte liegt mitten in einem der Weinanbaugebiete Elbas. Anders als etwa in Deutschland darf man das ganze Jahr hindurch die Pfade zwischen den Rebenanpflanzungen benutzten. Deshalb und weil die Wälder des Monte Capanne bis an die Weinberge heranreichen, ist Pomonte ein bei Wanderern beliebter Ort. Er war einmal als Post Montem, also nach oder hinter dem Berg, gegründet worden. Aus jener alten Zeit gibt es nur noch ein paar längst von der Macchia überwucherte Mauerreste außerhalb des heutigen Ortes. Die Küste bei Pomonte ist felsig und meist unzugänglich. Sand- und Felsstrände gibt es in der Nähe. (A 4)

HOTEL

Da Sardi
Wer die Gegend ein paar Tage erkunden möchte, findet im netten Hotel »Da Sardi« seine Ruhe. *18 Zi., Tel. 90 60 45, Kategorie 2*

ZIELE IN DER UMGEBUNG

Chiessi
Auch hier gibt es Weinanbau. Zum Wasser hin findet man vor breiten, flach ins Meer hinausgehenden Felsen ideales Wasser für Schwimmer und Taucher. Besonders die letzteren haben hier ein interessantes Revier. Denn in der Vergangenheit sind vor Chiessi immer wieder Schiffe versunken. Und bis in die heutige Zeit werden noch Amphoren und Karaffen aus alter Zeit geborgen. Funde machte man auch im 1 km landeinwärts gelegenen Tal des Gneccarina. Es waren Bronzeäxte aus dem 8. Jh., die heute im Archäologischen Museum von Marciana Alta zu sehen sind. gut 1 km außerhalb von Chiessi in nördlicher Richtung auf der Hauptstraße stößt man auf die Punta Nera, den westlichsten Punkt Elbas. In klaren Nächten kann man von Chiessis Felsstrand aus die Lichter von Korsikas Hauptstadt Bastia sehen. Es gibt ein recht gutes Restaurant, dessen Besitzer auch Zimmer vermieten: *Il Perseo (tgl. geöffnet, 7. Jan. bis Ende Feb. geschl., Tel. 90 60 10, Kategorie 3 – Hotel, Kategorie 2 – Restaurant, ElbaCard-Rabatt)*

Fetovaia
★ Dieser neue Touristenort hat sich entwickelt, weil es einen wirklich schönen Sandstrand gibt, an dem man auch dann noch baden kann, wenn es an anderen Orten im westlichen Elba nicht mehr möglich ist, weil das Wasser zu unruhig ist. Denn eine weit ins Meer ragende Landzunge schützt das Strandgebiet vor Westwind. Das *Galli* ist ein kleines, angenehm ruhig gelegenes

Hotel *(Locanda Fetovaia, geöffnet von April bis Okt., 22 Zi., Tel. 98 70 65, Kategorie 3)*

PROCCHIO

Der Verkehrsknotenpunkt, an dem sich die Straßen aus Marciana Marina, Marina di Campo und Portoferraio treffen, hat sich in den vergangenen zehn Jahren zu einem Sammelpunkt für viele italienische und ausländische Touristen entwickelt. Der Grund: ein fast 1 km langer Sandstrand, den auch viele Urlauber anfahren, die ihre Hotels an anderen Orten der Insel haben. Rund um den Straßenknotenpunkt haben sich auch Bars und verschiedene Geschäfte angesiedelt. In der direkten Umgebung von Procchio gibt es viele Privatvillen, die versteckt in der nahezu unzugänglichen Macchia liegen. Besondere Aufmerksamkeit verdienen die seltenen uralten Korkeichen an der Straße nach Portoferraio, die sich im ersten Stück nach Procchio steil auf einen Felsen hinaufwindet. (C 3, 4)

RESTAURANTS

Coco si, Coco no
Auf dem Weg ans Meer findet man die Gelateria mit dem besten Eis der Insel. Es gibt »einfach alle Geschmacksrichtungen« (Eigenlob). *Via del Mare, Tel. 90 73 73*

La Perla
Die Strandbar gehört zum gleichnamigen Hotel. Sie serviert ab 12 Uhr gemischten gegrillten Fisch und eine ganz vorzügliche Pizza von außerordentlicher Knusprigkeit. Ein Tip: Kommen Sie nicht in Badehose und Badeanzug! *Via Provinciale 1, Tel. 90 73 71, Kategorie 2*

Lo Zodiaco
Der Name weist darauf hin: Alle zwölf Tierkreiszeichen schmükken die Wände in diesem gemütlichen Edelrestaurant, das nur zwei Minuten vom Verkehrsknotenpunkt in einem ruhigen Garten an einem Fußweg liegt. *Mai–5. Okt nur abends geöffnet (in der Saison: Tischbestellung erforderlich), Tel. 90 76 30, Kategorie 1–2*

Blick auf den Golfo di Viticcio

HOTELS

Delfino
Das ruhig gelegene Haus hat 14 Zimmer. *Via Provinciale, Tel. 90 74 55, Kategorie 3*

Residenza del Golfo
Das Luxushotel direkt über dem Sandstrand besitzt ein eigenes Schwimmbad. *Via Provinciale, 95 Zi., Tel. 90 73 67, Kategorie 1*

SPIEL UND SPORT

Segeln und Surfen
In der Schule »Elba Surf« direkt am Strand von Procchio wird auch deutschsprachiger Unterricht erteilt. Es werden Jollen, Jachten und Surfbretter vermietet. Man kann international gültige Scheine machen. Fragen Sie nach Günter Helm! *Via Provinciale, Tel. 90 78 38;* in Deutschland kann man sich vorab informieren: *Brigitte Junges, Hinter dem Weiher 38, 61267 Neu-Anspach, Tel. 0 60 81/4 27 68*

Tennis
Auch Nicht-Gäste können in den Hotels »Del Golfo« (Tel. 90 73 67) und »La Perla« (Tel. 97 69 81) Plätze mieten. Gäste haben allerdings Vorrang.

AM ABEND

Clacson Cabaret
Mitten in Procchio befindet sich der Nachtclub, in dem meistens erst nach 24 Uhr so richtig was los ist. Man gibt ElbaCard-Rabatt, und das sind in diesem Fall immerhin 30 Prozent auf jedes Getränk, das Sie nach Ihrem Eröffnungsdrink zu sich nehmen. *Via Provinciale 24*

Club 63
Die Diskothek liegt im Felsen an der Verbindungsstraße von Procchio nach Portoferrio. *Locanda Capanne*

AUSKUNFT

Agenzia Viaggi Bruno
Via Provinciale, Tel. 90 77 16

ZIELE IN DER UMGEBUNG

Golfo della Biodola
★ Das ist nun wirklich – obwohl man mit Superlativen vorsichtig sein soll – die schönste Bucht von Elba. Den feinen Sandstrand kann, wie in Italien üblich, jedermann nutzen, auch wenn zwei Hotels der absoluten Luxuskategorie ihn sich aufgeteilt zu haben scheinen: *das Biodola, Tel. 93 68 11, 86 Zimmer und das Hermitage, 120 Zimmer (zum Teil in von Pinien umgebenen Einzelhäuschen auf die Klippen hinausgebaut), Tel. 93 69 11; beide von April bis Okt., beide Kategorie 1.* Zum Hermitage gehört ein hoteleigener Golfplatz. Der Golf von Biodola liegt 9 km von Procchio in Richtung Portoferraio entfernt. (C3)

Golfo di Viticcio
Die Bucht mit dem kleinen Fischerort Viticcio ist wesentlich ruhiger als die Strände von Biodola und Procchio selber. Allerdings liegt dort auch gröberer Sand. Mit dem Paradiso *(April bis Sept. geöffnet, 37 Zimmer, Tel. 93 90 34, Kategorie 3)* gibt es ein ordentliches Hotel. Von Viticcio kann man zum Cap d'Enfola nach Norden wandern. Vom 135 m hohen Monte Enfola, der nur durch ein schmales Landstück mit der Insel verbunden ist,

hat man einen herrlichen Rundblick. Viticcio ist 11 km von Procchio entfernt. (D 3)

Isoletta della Paolina

An der Straße von Procchio nach Marciana Marina findet man eine Parkbucht mit gelbem Hinweisschild. Von hier hat man einen Ausblick auf eine vorgelagerte Felseninsel, die ihren Namen trägt, weil Napoleons Schwester Paolina hier zu schwimmen pflegte. Der Aussichtspunkt ist 3 km von Procchio entfernt. (C 3)

Monte Castello

Auf halben Weg von Procchio nach Marina di Campo führt rechts ein ausgeschilderter Feldweg zu einem Parkplatz, von dem ein 15minütiger Fußweg zu ziemlich unspektakulären Etrusker-Ausgrabungen führt. Unter einem Pflaster aus römischer Zeit hatte man Reste einer fast völlig zerstörten etruskischen Siedlung mit Schmelzöfen für Eisenerz gefunden. Allerdings hat man von diesem 227 m hohen, Monte Castello genannten Platz eine schöne Aussicht bis zu den Buchten von Procchio im Norden und Marina di Campo im Süden. (C 4)

San Martino

Das auf halbem Weg zwischen Procchio und Portoferrraio gelegene Tal ist vor allem wegen der ★ *Villa Napoleone* einen Besuch wert. Das von Magnolien, Zedern und Zypressen umstandene Gebäude war während Bonapartes Verbannung dessen Sommerresidenz. Man kann die oberen Räume besichtigen *(Mo–Sa 9 bis 19.30, So 9–13 Uhr, Eintritt: 6000 Lit., der Eintritt gilt am gleichen Tag auch für Napoleons »Villa dei Mulini« in Portoferraio).* Unter anderem kann man Napoleons Schlafzimmer mit einem äußerst kurzen Bett, sein Arbeitszimmer und einen großen Empfangsrum sehen. Darin zeigen Fresken Erlebnisse Napoleons während seines Feldzuges nach Ägypten. Gleich neben dem Eingang schützt eine Glasplatte einen Schriftzug, den der verbannte Kaiser selbst angebracht haben soll. »Ubicumque Felix Napoleo«, steht dort auf Lateinisch, »Napoleon ist überall glücklich«. Was er hier im Tal von San Martino nicht immer war, denn die Sommerhitze erschien ihm hier unerträglicher als anderswo. Deshalb nutzte er die durch einen Schmuckverkauf seiner Schwester Paolina finanzierte Villa selten. In unmittelbarer Umgebung des Museums gibt es das reizvoll gelegene *Hotel Napoleone (März bis Mitte Sept. geöffnet, 61 Zimmer, Tel. 91 85 02; während der geschlossenen Monate für Reservierungen: 05 23/56 01 73 und 55 71 73, Kategorie 1–2)* mit eigenem Minigolfplatz, Reitsportmöglichkeiten und Privatstrand, zu dem die Gäste ein Bus-Shuttle bringt. Zum Ende der Talmulde von San Martino, kurz bevor man wieder auf die Straße Procchio-Portoferraio stößt, kommt man an eine Abzweigung mit dem Schild: *Valle delle Ceramiche.* In diesem Keramik-Tal findet man auf einer Fläche von fast 10 000 Quadratmetern unter freiem Himmel die Skulpturen- und Bilder-Ausstellung des etwas versponnenen Künstlers Italo Bolano *(Tgl. außer So 10–12.30 und 16–19.30, Eintritt frei).* Jeden Donnerstag ab 20 Uhr veranstaltet der Meister persönlich einen »Abend mit Italo Bolano«. Dazu bittet er, einen Snack und eine Flasche Wein mitzubringen. (D 4)

Scaglieri

Am schönen Strand zwischen den Buchten von Biodola und Viticcio liegt der teuerste Campingplatz der Insel *(geöffnet vom 1. April bis 30. Sept., Tel. 96 99 40 und 96 98 34)*. Über den Nachbarort Forno, dessen Name sich von den Resten etruskischer Schmelzöfen ableitet, die man hier gefunden hat, kann man die Punta Peninsula erreichen, von wo aus man an schönen Tagen bis nach Marciana Marina blicken kann. (C, D 3)

Spartaia

In der Nähe des Sandstrandes zwischen den Buchten von Procchio und Marciana Marina findet man zwei ruhig gelegene Hotelanlagen: das *Désirée* mit einem Schwimmbad *(geöffnet vom 16. April–4. Okt., 64 Zimmer, Tel. 90 73 11, Kategorie 1)* und das *Valle Verde (geöffnet vom 1. Mai–15. Okt., 43 Zimmer, Tel. 90 75 45, Kategorie 2)* (C 3)

Das kaiserliche Schlafgemach in der Villa Napoleone

42

Von Auskunft bis Zoll

Warum es auf der Insel eine ElbaCard mit ganz erstaunlichen Leistungen gibt. Und ein ganzer Batzen anderer nützlicher Tips für Ihre Reise

AUSKUNFT VOR DER REISE

Das Staatliche Italienische Fremdenverkehrsamt ENIT, das auf Wunsch gegen Rückporto auch Straßenkarten von Elba verschickt, ist in folgenden Städten vertreten:

Fremdenverkehrsamt ENIT
40212 Düsseldorf, Berliner Allee 26, Tel. 02 11/13 22 31;
60329 Frankfurt/Main, Kaiserstr. 65, Tel. 0 69/23 12 13;
80336 München, Goethestr. 20, Tel. 0 89/53 03 69;
A-1010 Wien, Kärtnerring 4, Tel. 02 22/5 05 43 74;
CH-8001 Zürich, Uraniastr. 32, Tel. 01/3 06 61 11

AUSKUNFT AUF ELBA

Azienda Autonoma di Soggiorno, Cura e Turismo (AAST)
Calata Italia 26, I-57037 Portoferraio, Tel. 05 65/91 46 71-2

Auf den höchsten Berg der Insel, den Monte Capanne, kommt man kommod mit der Seilbahn hinauf

Das Büro befindet sich im 1. Stock des direkt am Hafen gelegenen Hochhauses. Im selben Gebäudekomplex finden Sie die Vereinigung der Hotelbesitzer, die bei der Zimmersuche behilflich ist:

Associazione Albergatori Italiani (AAI)
Calata Italia 21 A, Tel. 05 65/91 47 54

APOTHEKEN – FARMACIA

Die Öffnungszeiten der Apotheken sind in der Regel Mo–Fr 9–12.30 und 15.30–19.15 Uhr, Sa nur vormittags. Sa nachmittags, nachts sowie an den Sonn- und Feiertagen gibt es in den größeren Orten einen Bereitschaftsdienst. Listen mit den jeweils dienstbereiten Apotheken hängen an jeder Apotheke.

ARZT – MEDICO

Die medizinische Versorgung auf Elba entspricht der in ganz Mitteleuropa. Wer einer gesetzlichen Krankenversicherung angehört, sollte sich vor Reiseantritt einen Anspruchsausweis oder einen Auslandskrankenschein ausstellen lassen. Der muß dann im Büro der Krankenversicherung SAUB (*Portoferraio, Locanda San Rocco, Öffnungszeit: Mo–Fr 8 bis 12 Uhr*), vorgelegt werden, die ein Formular »Modello E 111« ausstellt, das zur Teilnahme am kostenlosen medizinischen Versorgungsdienst *guardia medica turistica* berechtigt. Dem Dienst sind Ärzte in folgenden Orten angeschlossen: Capoliveri (*Via Mellini 6, Tel. 96 89 95*), La Pila (*Centro, Tel. 97 60 61*), Marciana Marina (*Scuolo Elementare, Tel. 90 11 36*), Portoferraio (*Via Gasperi, Tel. 91 42 12*) und Rio Marina (*Circolo Italsider, Tel. 96 24 25*). Die Praxen sind Mo-Fr und So 9–12 und 16–19 Uhr geöffnet. In dringenden Fällen können auch Hausbesuche (rund um die Uhr) erbeten werden. Der ADAC in Deutschland nennt einen deutschsprachigen Arzt, der allerdings sofort bezahlt werden muß: *Dr. Mario Prognacca, Via IV Novembre, Porto Azzurro, Tel. 9 50 55*

AUTOFAHREN

Im Vergleich zu anderen Ländern hat Italien ein paar besondere Verkehrsbestimmungen. So darf innerhalb geschlossener Ortschaften mit ausreichender Straßenbeleuchtung nur mit Standlicht gefahren werden. An schwarz-gelb markierten Kantsteinen ist Parken verboten. Und bei Überschreiten der 0,8-Promille-Grenze droht eine drastische Strafe: ein Monat Gefängnis, 500 000 Lit. Strafe und Führerscheinentzug bis auf weiteres. Achten Sie darauf, daß der Führerschein Ihre aktuelle Adresse enthält. Im Zweifel verhängt die Polizei für falsche persönliche Angaben ebenfalls hohe Geldstrafen. Im Pannenfall gibt es auf Elba einen öffentlichen Abschleppdienst *(servizio di rimorchio)*, *Soccorso Stadale, Tel. 116,* und einen privaten, *Romano Brandi, Portoferraio, Via Carducci 223, Tel. 9 23 48* Tankstellen gibt es in allen größeren Orten und an den Ausfallstraßen. Sie haben Mo–Sa 8.30 bis 12.30 und 15–19 Uhr geöffnet. Sogenanntes Münztanken kann man bei ESSO am Ortseingang von Portoferraio – allerdings nur mit Lirescheinen ab 5000 Lit. aufwärts.

BANKEN

Die Bankfilialen haben werktags von 8.30 bis 12.45 Uhr geöffnet. Es gibt folgende Banken:

Portoferraio: Monte dei Paschi di Siena, Via Garibaldi; Monte dei Paschi di Siena Ag. n. 1, Via G. Carducci 214; Cassa di Risparmi di Livorno, Via Manganaro; Cassa di Risparmio di Firenze, Piazza Cavour; Cassa di Risparmio di Firenze, Via Carpani 68

Campo nell'Elbe: Monte dei Paschi di Siena, Via Venezia 19

Capoliveri: Monte dei Paschi di Siena, Via Mellini 6

Cavo: Monte dei Paschi di Siena, Piazza Matteotti 82

Lacona: Monte dei Paschi di Siena, Strada Provinciale

Marciana: Monte dei Paschi di Siena, Piazza Umberto I.

Marciana Marina: Monte dei Paschi di Siena, Viale Vadi 1

Pomonte: Cassa di Risparmi di Livorno, Via del Passatoio

Porto Azzurro: Monte dei Paschi di Siena, Piazza Matteotti 12; Cassa di Risparmi di Livorno,

Locanda Mola

Procchio: Cassa di Risparmi di Livorno, Via Provinciale 67

Rio Marina: Monte dei Paschi di Siena, Piazza D'Acquisto 1

Rio nell'Elba: Monte dei Paschi di Siena, Via G. Marconi 5

Samstags, sonntags und an Feiertagen hat die Wechselstube am Fährhafen Portoferraio geöffnet.

BUS

Elba wird von einem dichten Busnetz überzogen. Die Busse halten, erstaunlich für die Mittelmeerregion, ihren Fahrplan ziemlich genau ein. Den Fahrplan *(orario)* erhält man kostenlos im Busbüro ATL in der Hochhauspassage am Hafen von Portoferraio, wo sich auch das Fremdenverkehrsbüro befindet. Der Fahrplan hängt auch in einer Vitrine aus. Achten Sie darauf, daß die Busverbindungen werktags *(feriale)* sehr viel häufiger sind als sonn- und feiertags *(festivo)*. Außer auf den Strecken nach Albereto, Bagnaia, Lacona, San Giovanni, San Martino und Viticcio, für die man Billets im ATL-Büro bekommt, löst man die Fahrscheine beim Busfahrer.

CAMPING

Zelten auf Elba ist teuer. »Wer einen Campingplatz auf der Insel Elba aufsuchen will«, schreibt der deutsche ADAC in seinem Campingführer Südeuropa, »sollte beachten, daß dort die Campingplätze eine einheitliche Preisgestaltung auf hohem Niveau aufweisen«. Auf den meisten Campingplätzen wird außerdem die Mehrwertsteuer IVA in Höhe von 9 Prozent gesondert berechnet. Auf freiem Gelände ist das Zelten generell nicht erlaubt. Einmaliges Übernachten auf Park- und Rastplätzen entlang des Reiseweges wird allerdings gestattet.

DEVISEN

Noten und Münzen in Landes- oder Fremdwährung dürfen bei der Einreise nach Italien jeweils bis zu einem Betrag von 20 Mio. Lit. ohne Deklaration beim Grenzzollamt mitgeführt werden. Hat man einen Betrag bei der Einreise deklariert, darf man bei der Ausreise auch nur diese deklarierte Geldmenge wieder ausführen.

DIPLOMATISCHE VERTRETUNGEN

Auf den Inseln des Toskanischen Archipels gibt es keine diplomatischen Vertretungen. In Notfällen hilft das Honorarkonsulat der Bundesrepublik Deutschland in Livorno (Via San Francesco 17, Tel. 0586/38008) weiter.

EINREISEBESTIMMUNGEN

Seit der Schaffung des europäischen Binnenmarktes ist eine Vorlage von Paß oder Personalausweis an der Grenze zu Italien für Deutsche nicht mehr nötig. Trotzdem sollte man zur Identifizierung in Notfällen ein Personalpapier dabeihaben. Das gilt auch für Kinder bis 16 Jahren. Für sie genügt aber auch weiterhin der Eintrag in den Paß der Eltern.

ELBACARD

Die ElbaCard ist ein besonderer Touristenservice der Insel.

Deutsche Information

Die Deutschen stellen eine große Gruppe unter den Urlaubern auf der Insel. Deshalb gibt es die monatliche Touristeninformationszeitung »Pronto Elba« (für 1000 Lit.) mit vielen aktuellen Terminen zweisprachig in Italienisch und Deutsch. Einmal jährlich erscheint der »Elba-Spiegel« (2500 Lit.) mit Hintergrundgeschichten zum Inselleben und praktischen Tips für den Urlaub. Außerdem gibt es bei der Touristeninformation am Hafen von Portoferraio ein 35minütiges Dokumentar-Video (VHS, 47 000 Lit.) mit deutschen Kommentaren über die Insel und ihre Menschen.

Man kann sie für 7000 Lit. an jedem Zeitungskiosk kaufen. Das kleine Büchlein, das man dafür erhält, beinhaltet eine übersichtliche Landkarte für Auto- und Bootstouristen mit der Angabe von Badestränden, Segelrevieren, Tauchmöglichkeiten, Campingplätzen, Angelgebieten, Sehenswürdigkeiten, Mineralvorkommen und Reitgelegenheiten. Dazu kommt ein ausführlicher Tag- und Nachtführer durch Elba mit nützlichen Adressen, Bus-, Fähren- und Flugplänen. Und schließlich gibt es – das wichtigste – eine kleine Plastikkarte in der Form einer Kreditkarte, mit der man in angeschlossenen Restaurants, Geschäften, Nachtclubs und bei Dienstleistungsunternehmen gegen Vorlage der Karte zwischen 10 und 30 Prozent Rabatt bekommen kann. Die angeschlossenen Unternehmen zeigen mit einer Plakette an der Tür, auf der *ElbaCard affiliato* steht, daß sie sich dem Grundgedanken der Initiatoren verpflichtet fühlen: »Mit ElbaCard können Sie die alte Tradition der Gastfreundschaft auf Elba erleben, die sich erneuert und Ihren Aufenthalt auf dieser wunderschönen Insel unvergeßlich macht.«

FKK

Rund um die Insel Elba verteilt gibt es insgesamt 16 ausgewiesene Nacktbadestrände für Anhänger der Freikörperkultur. Man findet sie beim Capo S. Andrea, in der Cala della Cotaccia bei Zanca, an der Punta della Fornace, bei Campo lo Feno, südlich der Punta Nera, der westlichsten Spitze Elbas, südlich von Pomonte, an der Punta le Tombe auf halber Strecke zwischen Fetovaia und Seccheto, am östlichen Ende des Golfo della Lacona, an der Landspitze des Capo della Stella, am Golfo Stella bei Capo Marinario, am südlichen Ende der Halbinsel Calamita (zwei) und östlich der Rada di Portoferraio bei der Punta Falconaia. An den anderen Stränden hat es sich wie an vielen anderen Küsten des Mittelalters längst durchgesetzt, daß die Damen oben ohne baden gehen. Trotzdem muß darauf hingewiesen werden, daß es in Italien immer noch den sogenannten »Exhibitionismus-Paragraphen« gibt. Auf ihn kann sich berufen, wer sich durch allzu viel nacktes Fleisch in Sitte und Moral gefährdet fühlt. Und als »Erreger« dieses Ärgernisses hat man dann selbst mit Ärger zu rechnen.

FOTOGRAFIEREN

In den größeren Orten auf Elba gibt es internationales Filmmaterial. Aber: Es ist auch bei einem schlechtem Lirekurs erheblich teurer als in der Heimat.

GELD

Es ist empfehlenswert, Geld bei Banken und Sparkassen umzutauschen. Eurocheques werden bis zu einer Höhe von 300 000 Lit. angenommen. Die Vorlage eines Reisepasses oder Personalausweises wird oft, besonders in kleinen Orten, verlangt. Die meisten Geschäfte und Restaurants nehmen die gängigen Kreditkarten, aber keine Eurocheques.

POLIZEI

Die Polizei auf Elba ist sehr hilfsbereit, selbst wenn man nur die Adresse eines Restaurants sucht. Umständlicher wird es allerdings bei Überfall- und Diebstahlsanzeigen. Hilfreich ist das Ausfüllen einer in Schreibwarenläden erhältlichen *carta bolla,* eines sogenannten Stempelpapiers. Polizeinotruf: 1 13. Feuerwehr: 9 22 22.

POST UND TELEFONIEREN

Die Postämter haben Mo bis Sa 8.15 bis 18.40 geöffnet. Briefmarken gibt es auch in den *tabacchi,* den mit einem weißen T auf schwarzem Grund gezeichneten Tabakläden. Postkarten nach Deutschland, Österreich und in die Schweiz brauchen Marken zu 500 Lit., Briefe bis 20 g zu 750 Lit. Zum Telefonieren aus Kabinen benötigt man Gettoni. Aus Italien wählt man als Vorwahl 00 49 nach Deutschland, 00 43 nach Österreich und 00 41 in die Schweiz. Hinzu kommen die Vorwahl der Stadt ohne 0 und die Teilnehmernummer. Die Vorwahlnummer für Italien ist von Österreich aus 0 40, von Deutschland und aus der Schweiz 00 39. Hinzu kommt die Vorwahl für Elba: (0) 5 65.

STROM

Die Stromspannung ist 220 Volt. Oft passen nur flache Stecker in die Steckdosen, deshalb empfiehlt sich die Mitnahme eines Adapters.

TIERE

Für Hunde und Katzen ist ein tierärztliches Gesundheits- und Tollwutimpfzeugnis erforderlich, das nicht mehr als acht Tage vor Reisebeginn ausgestellt sein darf. Die Impfung muß mindestens einen Monat, darf aber höchstens zwölf Monate (bei Katzen sechs Monate) zurückliegen. Für Hunde sind Leine und Maulkorb mitzuführen.

TRINKGELD

Wie überall in Europa hat sich auch in Italien bei Restaurantrechnungen ein Trinkgeld von 10 Prozent der Rechnungssumme durchgesetzt, auch wenn ein Bedienungszuschlag bereits in der Rechnung enthalten ist.

ZEIT

Es besteht kein Zeitunterschied zu Deutschland. Zwischen März und September gilt ebenfalls die Sommerzeit.

ZOLL

Nach der Schaffung des europäischen Binnenmarktes gelten für deutsche Reisende neue Ausfuhrbestimmungen. Bei Genußmitteln werden folgende Mengen pro Person (älter als 17 Jahre) akzeptiert: 800 Zigaretten oder 400 Zigarillos oder 200 Zigarren oder 1000 g Tabak; 10 l Spirituosen oder 20 l Likör oder 90 l Wein, davon höchsten 60 l Schaumwein. Für Österreich und die Schweiz gelten die alten Bedingungen: 200 Zigaretten oder 50 Zigarren oder 250 g Tabak; 1 l Spirituosen über 22 Prozent oder 2 l unter 22 Prozent.

WETTER IN PORTOFERRAIO

Die monatlichen Durchschnittswerte im Überblick

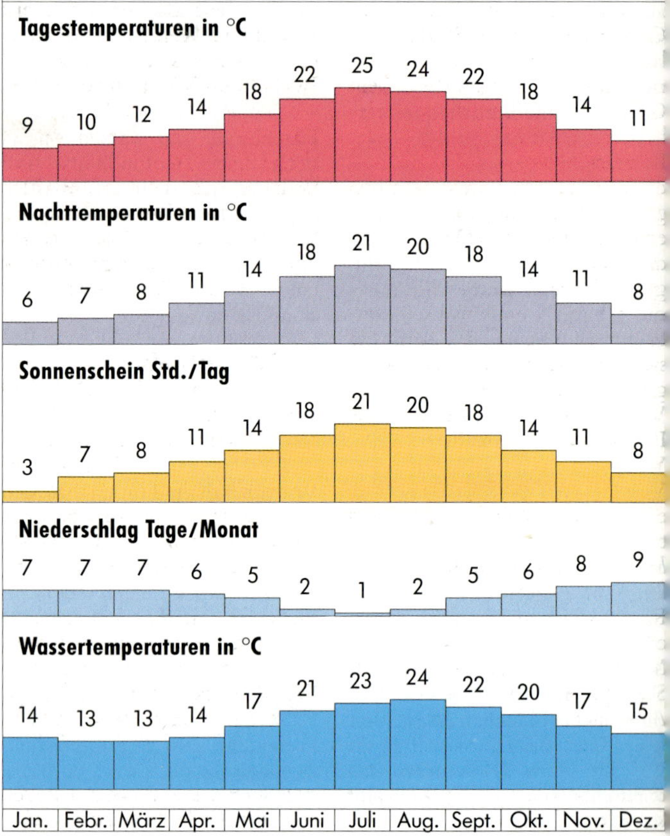